Alemão *urgente!*
Para Brasileiros

**Soluções simples e rápidas
para aprender de vez**

Birgit Braatz e Cristina Schumacher

Alemão urgente! Para Brasileiros

Soluções simples e rápidas para aprender de vez

ALTA BOOKS
EDITORA
Rio de Janeiro, 2018

Alemão Urgente! Para Brasileiros — Soluções simples e rápidas para aprender de vez
Copyright © 2018 da Starlin Alta Editora e Consultoria Eireli. ISBN: 978-85-508-0308-1

Todos os direitos estão reservados e protegidos por Lei. Nenhuma parte deste livro, sem autorização prévia por escrito da editora, poderá ser reproduzida ou transmitida. A violação dos Direitos Autorais é crime estabelecido na Lei nº 9.610/98 e com punição de acordo com o artigo 184 do Código Penal.

A editora não se responsabiliza pelo conteúdo da obra, formulada exclusivamente pelo(s) autor(es).

Marcas Registradas: Todos os termos mencionados e reconhecidos como Marca Registrada e/ou Comercial são de responsabilidade de seus proprietários. A editora informa não estar associada a nenhum produto e/ou fornecedor apresentado no livro.

Impresso no Brasil.

Obra disponível para venda corporativa e/ou personalizada. Para mais informações, fale com projetos@altabooks.com.br

Editoração Eletrônica
Futura

Revisão Gráfica
Jane Castellani | Jucinéia dos Santos

Produção Editorial
LTC Livros Tec. Cientif. Editora Ltda – CNPJ: 33.829.698/0007-05

Erratas e arquivos de apoio: No site da editora relatamos, com a devida correção, qualquer erro encontrado em nossos livros, bem como disponibilizamos arquivos de apoio se aplicáveis à obra em questão.

Acesse o site www.altabooks.com.br e procure pelo título do livro desejado para ter acesso às erratas, aos arquivos de apoio e/ou a outros conteúdos aplicáveis à obra.

Suporte Técnico: A obra é comercializada na forma em que está, sem direito a suporte técnico ou orientação pessoal/exclusiva ao leitor.

A editora não se responsabiliza pela manutenção, atualização e idioma dos sites referidos pelos autores nesta obra.

CIP-BRASIL. CATALOGAÇÃO-NA-FONTE
SINDICATO NACIONAL DOS EDITORES DE LIVROS, RJ

B787a   Braatz, Birgit
        Alemão urgente! para brasileiros : soluções simples e
        rápidas para aprender de vez / Birgit Braatz, Cristina
        Schumacher. - Rio de Janeiro : Alta Books, 2018.
        il. ; 24 cm.

        ISBN 978-85-508-0308-1

        1. Língua alemã - Verbos. 2. Língua alemã - Gramática.
        3. Língua alemã - Compêndios para estrangeiros.
        I. Schumacher, Cristina. II. Título.

15-24494   CDD: 438.24
                                  CDU: 811.112.29243

Rua Viúva Cláudio, 291 — Bairro Industrial do Jacaré
CEP: 20970-031 — Rio de Janeiro - RJ
Tels.: (21) 3278-8069 / 3278-8419
www.altabooks.com.br — altabooks@altabooks.com.br
www.facebook.com/altabooks

Introdução

Devido a sua fama de idioma difícil e inacessível, o alemão acaba sendo o alvo de aprendizagem apenas daqueles cuja motivação para conhecê-lo se prova muito concreta. As dificuldades geradas por essa fama, mal fundamentada, ainda são acrescidas da suposta "antipatia" que o seu sistema fonético costuma evocar em ouvidos de falantes de outras línguas.

É lamentável, contudo, que impressões dessa natureza venham a constituir barreiras ao contato ou conhecimento de um instrumento de comunicação de tão raras exatidão e beleza como o é a língua alemã.

Trata-se de uma língua com peculiaridades tais que a tornam praticamente imprescindível em áreas de conhecimento como a filosofia, por exemplo. Se não por esse motivo, alemão é uma língua que oferece meios práticos de organização da informação e do pensamento, ao mesmo tempo em que viabiliza uma flexibilidade de raciocínio ímpar tanto no aspecto estrutural quanto conceitual. Sua amplitude de opções estruturais, mesmo em contextos de comunicação cotidiana, é um dos tantos recursos comunicativos que podem constituir uma vantagem expressiva para quem o aprende ou conhece.

Assim o que precipitadamente é julgado por muitos como uma complicação desnecessária constitui, na verdade, um surpreendente meio de enriquecimento linguístico. Pois aprender uma nova língua é como ocupar uma nova casa, com outra disposição de ambientes, orientação solar, colocação de aberturas, mobília etc. Como forma adicional de convívio com a realidade, uma nova língua a amplia.

Com uma abordagem pouquíssimo praticada, que enfoca as dificuldades do aluno e falante brasileiro de alemão, este livro esclarece a origem de erros comuns e indica caminhos para eliminá-los. Ao contrário da gramática tradicional, que se apoia na tradição das línguas clássicas e assim trabalha com uma ordem preestabelecida de conteúdos, parte-se das falhas oriundas da interferência do português, língua materna, sobre o alemão, língua estrangeira. Organizados de acordo com os itens Estrutura e Vocabulário, esses erros estão agrupados de forma a possiblitar ao aluno senão a autocorreção, então pelo menos um contato direto com o que são suas dificuldades potenciais.

Todos os exemplos dados são traduzidos e as traduções são naturais, ou seja, são traduzidas as ideias expressas e não as estruturas e os conceitos do alemão.

No item Gramática Concisa, o livro dá condições de abordar os fatos da língua de uma maneira cognitiva, mais alinhada com a abordagem tradicional da regra gramatical.

Ao longo de todo o livro é utilizada uma linguagem de símbolos para representar os elementos estruturais da língua. Com esses símbolos procura-se fornecer um atalho para os fenômenos estruturais ao mesmo tempo em que se simplifica a explicação dos mesmos. Para a consulta a qualquer item desta obra, é imprescindível a leitura do *Mapa de Símbolos Utilizados*.

A quem este livro se destina

- Pessoas interessadas em alemão, com muito ou pouco conhecimento prévio, que procuram explicações para os fatos estruturais e semânticos da língua
- Alunos de alemão falantes de português como língua materna, de todos os níveis
- Professores de alemão, sobretudo nativos que ensinam o idioma para brasileiros, podem utilizar esta obra como ferramenta de trabalho adicional
- Usuários não proficientes de língua alemã
- Falantes de dialetos alemães; descendentes de imigrantes

Este livro dirige-se a todos esses leitores, que desejam, além da oportunidade de praticar o alemão, a disponibilidade de "um professor" ao seu lado.

Relativizando...

(Leia o *Mapa de Símbolos Utilizados*)

- Por que o alemão é considerado um bicho de sete cabeças?

A língua alemã tem fama de ser muito "gramatical". Quem diz isso está na verdade querendo dizer o seguinte: imagine que as formas disponíveis para dizer as coisas sejam como os conteúdos de gavetas. Muitos dos recursos expressivos de alemão são como novas gavetas nesse móvel, ou novos conteúdos. Essas "novidades", para poderem ser usadas, precisam de "espaço", assim como novas gavetas precisam ser adicionadas quando se tem mais coisas para guardar.

Então, ao aprender alemão não adianta apenas querer colocar os novos recursos expressivos nas velhas gavetas de português. É necessário disponibilizar novas gavetas, ao mesmo tempo em que se aceita uma nova forma de dizer, basicamente, a mesma coisa. Por exemplo:

A: <u>Um hambúrguer</u> custa 4 reais.
B: Então eu vou comer <u>um hambúrguer</u>.

Em português, "um hambúrguer" como REALIZADOR de "custar" ou como PARTICIPANTE de "comer" tem exatamente o mesmo formato.

Em alemão, "um hambúrguer" REALIZADOR é diferente de "um hambúrguer" PARTICIPANTE.

A: **<u>Ein Hamburger</u> kostet 4 reais.**
B: **Dann esse ich <u>einen Hamburger.</u>**

Ao aprender alemão, essa é uma das necessidades de nova gaveta.

Neste livro, a estrutura da língua está representada de forma mais direta e intuitiva do que o praticado até aqui. Ou seja, estamos fornecendo a madeira, a cola, os pregos, o martelo e os puxadores para que se construam novas gavetas.

- A Estrutura do Alemão

De que forma a estrutura da língua alemã pode representar um enriquecimento linguístico para quem a aprende?

Essa pergunta tem mais de uma resposta, pois o enriquecimento de que se fala ocorre em níveis diferentes.

No nível das palavras, o recurso da composição, prefixação e sufixação (☙ GC-3, E3) possibilita ser ao mesmo tempo conciso e preciso. O "conciso", ao ser transposto para outra língua acaba muitas vezes exigindo um enfileiramento de "de".

Exemplo:
die Haustür = a porta da casa
der Haustürschlüssel = a chave da porta da casa
das Haustürschlüsseletui = o estojo da chave da porta da casa

As palavras compostas assim têm o gênero da palavra base. Esta, por sua vez, vem por último. Isso constitui como que um "grampo" entre o marcador (que mostra o gênero, caso etc.) e a palavra base, possibilitando a concisão. A precisão é obtida pela chance de sintetizar tudo em uma só palavra.

Além disso, o alemão oferece o recurso de criar palavras novas, e é rico em expressões idiomáticas, "colorindo" muito a comunicação.

As mesmas concisão e precisão ocorrem em microestruturas também.

Exemplo:
Der <u>von der Sekretärin gestern geschriebene</u> Brief wird erst heute abgeschickt. A carta escrita ontem pela secretária só será enviada hoje. ("a pela secretária escrita ontem carta")

Outra forma mais analítica de dizer a mesma coisa seria:
Der Brief, der gestern von der Sekretärin geschrieben wurde, ...

Aqui uma oração dependente inteira foi reduzida a ⬬ , com seus complementos funcionando como atributo do ☐ **der Brief**.

Esse "abraço", introduzido pelo marcador (**Der**) e finalizado pelo ☐ (**Brief**), delimita as fronteiras entre as unidades de informação. Essa delimitação organiza a mensagem de uma forma previsível.

Em um terceiro nível, de macroestruturas, ocorre o mesmo "abraço", porém com maior complexidade. Nesse nível também é possível sinalizar quais são as informações primárias, identificando os limites dos elementos que as constituem.

Exemplo:
Ich <u>muss</u> ihn heute noch <u>anrufen</u>. Eu ainda tenho de ligar para ele hoje. ("Eu devo o hoje ainda telefonar")
⇨ Aqui, **muss** introduz o "abraço" e **anrufen** finaliza-o, estando as demais informações dentro dele.

Outro exemplo:
Wir <u>haben</u> uns gestern bis spät in die Nacht <u>unterhalten</u>.
Nós conversamos ontem de noite até tarde.
⇨ **haben** e **unterhalten** delimitam o "abraço".

Em função dessas diferenças estruturais e de outras, a serem abordadas ao longo desta obra, é que se tornam comuns os erros ocorridos por interferência da língua materna.

Se, por um lado, as estruturas da língua alemã apresentam um desafio aos seus aprendizes, por outro, a fama de uma pronúncia, dita "muito gutural", também tende a desmotivar alguns. De fato, o alemão tem mais sons formados na garganta e também mais consoantes do que em português. Mas a beleza sonora de uma língua não consiste apenas na pronúncia isolada de suas palavras; ela é feita também do que é dito, e de como é dito, ou seja, do conteúdo e da entonação.

Em qualquer língua, muito mais do que as palavras, importam as mensagens que com elas se constroem.

As autoras gostariam que o(a) leitor(a) se aproximasse deste livro com a consciência de que a língua alemã é bela e que ela se abre a quem vai ao seu encontro.

Sumário

Parte I
Gramática concisa da língua alemã padrão   15
(Hochdeutsch)

Mapa dos Símbolos Utilizados   17
0a) Elementos e estrutura da oração (independente)   21

1) Pronúncia   25
1a) Alfabeto   25
1b) Grafemas inexistentes em português ou com valor sonoro diferente   26
1c) Grupos de letras com valores sonoros diferentes ou inexistentes em português   27
1d) Informações importantes   27

2) Números   29
2a) Cardinais   29
2b) Ordinais   30

3) Formação de palavras   31
3a) Composição   31
3b) Prefixação de ◯   32
3c) Criação de ▢ por sufixação   32
3d) Criação de ▷ por sufixação   33
3e) Criação de ▢   33

4) Partículas de ênfase   35

5) Gênero   39
5a) Terminações dos gêneros   40

6) Formação de plurais   41

7) Declinações   43
7a) As quatro "roupas" ou casos: nominativo, acusativo, dativo e genitivo   43
7a1) Nominativo   44
7a2) Acusativo   44
7a3) Dativo   44
7a4) Genitivo   45
7b) As "roupas" dos marcadores   45
7b1) Marcadores definidos   45
7b2) Marcadores indefinidos   46
7b3) Marcadores negativos   46
7b4) Marcadores possessivos   46
7b5) Marcadores demonstrativos   47
7c) Declinação em –n   47
7d) Declinação de ⟹   48
7d1) Tipo 1   48
7d2) Tipo 2   49
7d3) Tipo 3   50
7d4) Tipo 4   50

8) Pronomes   51
8a) Pronomes pessoais   51
8b) Pronomes reflexivos   52

9) O uso de "es"   53

10) ◇   55
10a) As várias "roupas" exigidas por ◇   55
10b) Os vários △ introduzidos por ◇   56
10b1) △ de tempo   56
10b2) △ de causa, maneira e instrumento   57
10b3) △ de origem   58
10b4) △ de lugar   58
10b5) △ de direção   60

11) △ de direção x △ de lugar: mesmo ◇ e ◯ distinto   61

12) ◯   63
12a) Formas básicas de ◯ "fortes" (⟹ geralmente terminados em –n)   63
12b) Lista de formas de ◯   64
12c) Perspectivas   66
12c1) Ativa   66
12c2) Passiva   67

12d) Conjugações   68
12d1) Exemplo com **fragen**   68
12d2) Exemplo com **bitten**   69
12d3) ◯ irregular no presente   70
12e) **Konjunktiv II**   70
12e1) Formação do **KII**   71
12e1a) **KII** do presente   71
12e1b) **KII** do passado   72
12e1c) **KII** na passiva   73
12f) **Konjunktiv I**   73
12f1) Formação do **KI** do presente (referência a algo que está se passando)   74
12f2) Construção do **KI**   74
12f3) Voz passiva do **KI**   75
12g) ◖◯ =verbos com pré-verbos   76
12g1) ◖◯ em orações dependentes   78
12g2) ◖◯ em orações com ●   78
12h) ◯ com prefixos   78
12i) Quadro comparativo: ◯ simples, ◖◯ e ◯ com prefixo   79
12j) Tempos e conjugações de ◖◯   79
12j1) Perspectiva ativa   79
12j2) Perspectiva passiva   80
12k) Ordens   81
12l) ●   82
12la) ● de tempos compostos e perspectiva passiva (com as conjugações)   82
12lb) ● de maneira   85
12lb1) Conjugações, formas e tempos de ●   86
12lb2) Outros significados de ● de maneira   88
12lb2a) ● de probabilidade   88
12lb2b) ● de afirmação   89

13) *Formas de* ◯ *como* ▭▷   91
13a) Formas de ◯ como ▭▷ com complementação   92
13b) **Gerundivum**   93

14) *Relações/encaixes entre orações* (Satzgefüge)   95
14a) Orações independentes ou de igual importância na construção da informação, cujos conectores são representados por ⇌ ou ⟵   95
14a1) ⇌ e a qualidade da relação que estabelece   96
14a2) Conectores que são cenários   96
14b) Orações dependentes   97
14b1) Conectores de orações dependentes   99
14b2) Orações dependentes que são REALIZADORES, PARTICIPANTES ou cenários – o uso de **zu**   100
14b3) Irreais   101

14b3a) Condicionais   101
14b3b) Comparativas   101
14b3c) Expressão de desejo (difícil de ser realizado)   101
14c) Orações dependentes com pronomes que servem como conectores   102
14c1) ⟵ = ⬚nom⬚   102
14c2) ⟵ = ⬚acu⬚   102
14c3) ⟵ = ⬚dat⬚   103
14c4) ⟵ = ⬚gen⬚   103

15) Complementação de ◯   105
15a) Complementação com casos   106
15a1) Padrões sem ◇   106
15a2) Padrões com ◇ + ☐   108
15a2a) Lista de ◯: padrão ◇ ⬚acu⬚   108
15a2b) Lista de ◯: padrão ◇ + ⬚dat⬚   110

16) Substituição de ☐ *após* ◇ *por oração*   113
16a1) Os ☐ são "coisas"   113
16a2) Os ☐ são "pessoas"   114
16b1) Perguntas pelo ☐ após ◇ quando é uma "coisa"   114
16b2) Perguntas pelo ☐ após ◇ quando se trata de pessoa(s)   114
16c) Orações que funcionam como ☐ após ◯ com ◇   115
16c1) Orações iniciadas com **dass**   115
16c2) Orações infinitivas que funcionam como ☐ após ◯ com ◇, com "zu" antes do infinitivo   116
16c3) Outras formas de introduzir oração que substitui ☐ após ◇   116

17) Graus de intensidade de ⬜▷   117
17a) Formas irregulares de ⬜▷   118

18) Negação   119
18a) Negação de ◯   119
18b) Negar ☐ é feito com marcador **kein**   120

Parte II

Erros de Estrutura   121

A - Erros de macroestrutura (construção da frase) (E1)   123

A1 Omissão do REALIZADOR   123
A2 Não observância da inversão – ◯ fora do lugar quando há um elemento de ênfase no início da frase   125
A3 Predicados com dois elementos – Não observância do "abraço"   125
A4 ◯ com ☾: esquecimento ou não separação de ☾   126

A5 Confusão de elementos no campo principal da oração   128
A5a) Troca de PARTICIPANTE   128
A5b) Troca de △   129
A6 Estrutura da oração dependente: ◯ fora da posição   130
A7 A frase composta de oração dependente + oração independente:
    não observância da inversão   131
A8 A pergunta: ◯ na posição errada   132
A9 A negação: posição errada e/ou uso de **nicht** por **kein**   132
A9a) **nicht** na posição errada   132
A9b) Uso de **nicht** no lugar de **kein, keine** etc.   133

B - Erros de microestrutura (construção de unidades de informação) (E2)   135

B1 - Não observância do [nom] quando é PARTICIPANTE   135
B2 - ⟶ acompanhando ◯   136
B3 - Padrão de ◯   137
B4 - Tempos compostos de ◯ – erro em ●   140
B5 - Indicações de lugar e de movimento – declinação errada   140
B6 - Indicações de tempo – declinação errada   143
B7 - A oração relativa ⟶ – erro na escolha do pronome relativo (⟵)   144
B8 - A oração dependente que expressa finalidade – erro na estruturação   145
B9 - A oração dependente infinitiva – ausência de **zu**   146
B10 - A oração interrogativa indireta   147
B11 - A perspectiva passiva – uso equivocado de **sein** como ● e de **bei** como ◇
    (REALIZADOR da perspectiva ativa)   148
B12 - Troca de gênero   149

Respostas dos Exercícios   152

Parte III
Erros de Vocabulário (E3)   161
Tipos de Erros   163
A) A palavra em alemão é parecida com uma palavra em português, mas tem sentido
    diferente   164
A1 ⟶   164
A2 ☐   165
B) Duas palavras em alemão com grafia muito semelhante e sentidos distintos   167
B1 ⟶   167
B2 ☐   168
C) Em português há uma palavra e em alemão há várias   169
C1 ◯   169
D) Locuções de ◯ (**Funktionsverbgefüge**)   175
E) "Avulsos"   178

I

Gramática concisa da língua alemã padrão (Hochdeutsch)

GRAMÁTICA CONCISA DA LÍNGUA ALEMÃ PADRÃO (HOCHDEUTSCH)

Mapa de Símbolos Utilizados

Símbolo	Equivalência	Explicação
☐	substantivo	pessoas, coisas, seres vivos e lugares ou construções que os substituem
REALIZADOR	sujeito	o elemento que realiza a ação **Ich** schlafe. Estou dormindo. **Es** regnet. Chove.
PARTICIPANTE	objeto	o(s) elemento(s) que participam da ação (◯) Ich lese **diese Sätze**. Eu estou lendo estas frases. Ich danke **dir**. Eu te agradeço.
nom	nominativo	REALIZADOR **Ich** lese diese Sätze. Eu estou lendo estas frases. **Ich** danke dir. Eu te agradeço.
acu	acusativo	PARTICIPANTE Ich lese **diese Sätze**. Estou lendo estas frases. Ich schenke dir **eine CD**. Eu te dou um CD de presente. Wir zeigen unseren Freunden **den neuen Computer**. Nós mostramos aos nossos amigos o novo computador.
dat	dativo	PARTICIPANTE Ich danke **dir**. Eu te agradeço. Das Mädchen hilft **seiner Mutter**. A menina ajuda sua mãe. Ich schenke **dir** eine CD. Eu presenteio a você um CD. Wir zeigen **unseren Freunden** den neuen Computer. Nós mostramos o novo computador aos nossos amigos.
gen	genitivo	PARTICIPANTE Um diese Aufgabe zu lösen bedarf es **großer Geduld**. Para resolver essa tarefa precisa-se de muita paciência. • Também indica atribuição das Haus **der Hexe** a casa da bruxa
◯	verbo	• palavras que representam ações ou acontecimentos • ação praticada pelo REALIZADOR Ich **schlafe**. Estou dormindo. Es **regnet**. Chove. Ich **lese** diese Sätze. Estou lendo estas frases. Ich **schenke** dir eine CD. Eu te dou um CD de presente.
☾ com parte anteposta	verbo	verbo típico de alemão **anrufen:** ich **rufe** dich **an**. Eu lhe telefono. **ausmachen: Mach** bitte das Radio **aus**. Por favor, desligue o rádio.
☽	parte anteposta de ☾	ich rufe dich **an**. Eu lhe telefono. Mach bitte das Radio **aus**. Por favor, desligue o rádio.

Símbolo	Equivalência	Explicação
●	ajudante auxiliar ou modal	• acompanha a ação básica • ajuda a ○ , que é portador da ideia central da ação (e está no infinitivo ou é ⟨▬⟩) A ajuda é 1) para formar tempos e modos compostos **Ich** **bin** **nach Deutschland geflogen.** Eu voei para a Alemanha. (ajuda de tempo = **bin**, forma de **sein** para a 1ª pessoa do singular do presente) **Wenn er Zeit gehabt** **hätte**, **wäre** **er ins Kino gegangen.** Se ele tivesse tido tempo, ele teria ido ao cinema. (ajuda de modo = **hätte** e **wäre**, respectivamente formas de **haben** e **sein** para a 3ª pessoa do singular no passado do subjuntivo) 2) para indicar a perspectiva passiva da realização de ○ **Hier** **werden** **viele Häuser gebaut.** Aqui são construídas muitas casas. (ajuda de modo = **werden**, forma de **werden** para a terceira pessoa do plural do presente do indicativo) 3) para indicar de que maneira uma ação é executada **Sie** **muss** **heute bis 8 Uhr arbeiten.** Ela precisa trabalhar hoje até às 8 horas. (ajuda = **muss**, forma de **müssen** para a terceira pessoa do singular no presente do indicativo) **Er hat das Bein gebrochen, deshalb** **kann** **er nicht laufen.** Ele quebrou a perna, por isso não pode caminhar. (ajuda = **kann**, forma de **können** para a terceira pessoa do singular no presente do indicativo)
△	cenário advérbio	informações sobre "onde", "como", "quando", "por que" etc. se desenrola ○ . 1) lugar **Er kommt** **aus dem Libanon**. Ele vem do Líbano. **Wir fahren** **nach Hause**. Nós vamos para casa. **Sie wohnt** **in der Parkstraße, in einer schönen Wohnung**. Ela mora na Parkstrasse, em um belo apartamento. 2) tempo **Wir fahren** **morgen** **ab.** Nós vamos partir amanhã. **Er wohnt** **seit einem Jahr** **in Deutschland.** Ele mora há um ano na Alemanha. **Wir haben** **bis fünf Uhr** **Zeit.** Nós temos tempo até às cinco horas.

Símbolo	Equivalência	Explicação
		Er bleibt drei Wochen **in Rom.** Ele vai ficar três semanas em Roma. **Ich gehe** jede Woche **zur Gymnastik.** Eu vou à ginástica todas as semanas. 3) causa, maneira e instrumento Komischerweise **trinkt er seinen Kaffee immer kalt.** Estranhamente ele sempre toma seu café frio. **Sie ging** schnell **um die Ecke.** Ela rapidamente dobrou a esquina. Auf diese Art und Weise **wirst du nie Mathematik lernen!** Desse jeito você nunca aprenderá matemática! 4) causa **Er hat sie** aus Liebe **geheiratet.** Ele se casou com ela por amor. **Das Kind zitterte** vor Angst. A criança tremia de medo. Wegen der Hitze **tragen die Leute im Sommer leichte Kleider.** Por causa do calor as pessoas vestem roupas leves no verão. Auf Grund der neuen Umweltgesetze **müssen alle Fabriken Filter einbauen.** Devido à nova lei ambiental todas as fábricas devem instalar filtros.
▱	característica adjetivo	informação acompanhante de ▭ **Meine** jüngste **Tochter hat eine** kleine **Puppe mit** blauen **Augen.** Minha filha mais moça tem uma boneca pequena com olhos azuis. **Einem** geschenkten **Gaul schaut man nicht ins Maul.** Em cavalo dado não se olham os dentes. **Frau Bauer hat einen** sprechenden **Papagei aus Brasilien.** A Sra. Bauer tem um papagaio falante do Brasil.
⬭	particípio do passado	1) forma de ◯ que, com ●, serve para construir alguns tempos do passado, voz passiva **Er hat das Bein** gebrochen. Ele quebrou a perna. **Ich bin nach Deutschland** geflogen. Eu voei para a Alemanha. **Hier werden viele Häuser gebaut.** Aqui são construídas muitas casas. 2) pode ser ▱ **Das** gebrochene **Bein wurde eingegipst.** A perna quebrada foi engessada.
⬬	particípio do presente	• forma de ◯ que, conceitualmente, equivale ao português -NTE (interess*ante*, calm*ante* etc.) • pode ser ▱

Símbolo	Equivalência	Explicação
◇	preposição	1) introduz △ e ⟶ (pós-posta) **Ich arbeite in meinem Büro**. Estou trabalhando no meu escritório. **Seit drei Jahren wohnt er in Bonn**. Faz três anos que ele mora em Bonn. **Kinder mögen gern Bücher mit vielen Bildern**. Crianças gostam de livros com muitas figuras. **Die Krawatte aus Italien ist am schönsten.** A gravata da Itália é a mais bonita. 2) forma ⬭ **Rufst du mich an**? Você me telefona? **Ich muss morgen früh einkaufen gehen**. Amanhã de manhã cedo tenho de ir às compras. 3) introduz PARTICIPANTE **Ich warte auf einen Brief von ihm**. Estou esperando por uma carta dele. **Sie hat sich bei Frau Müller für die Blumen bedankt.** Ela agradeceu à Frau Müller pelas flores.
⇄	conector de oração independente conjunção	1a) elemento que une duas orações independentes **Peter und Heinz spielen Schach.** Pedro e Heinz jogam xadrez. **Nachmittags trinke ich Kaffee oder Tee.** À tarde eu tomo chá ou café. 1b) elos entre duas orações independentes entre si **Peter sieht fern, und Heinz liest ein Buch.** Peter assiste à TV, e Heinz lê um livro. **Sie strickt selbst einen Pulli, oder ihre Mutter kauft ihr einen.** Ela mesma faz seu pulôver de tricô, ou sua mãe compra um para ela. **Sie kauft eine neue Uhr, denn die alte ist kaputt.** Ela vai comprar um relógio novo, porque o velho estragou.
←	conector de oração dependente conjunção	1) elemento que introduz a oração dependente **Er geht nach Haus, weil er mit seiner Arbeit fertig ist.** Ele vai para casa porque terminou seu trabalho. **Sie macht eine Reise um die Welt, obwohl sie kein Geld hat.** Ela está fazendo uma viagem pelo mundo, embora não tenha dinheiro. **Als es klingelte, lief sie zur Tür.** Quando a campanhia tocou, ela correu para a porta. **Wenn ich Zeit hätte, würde ich das Buch heute lesen.** Se eu tivesse tempo, leria o livro hoje.

GRAMÁTICA CONCISA DA LÍNGUA ALEMÃ PADRÃO (HOCHDEUTSCH)

Símbolo	Equivalência	Explicação
☞	ver (item indicado)	
⚠	atenção	
GC	Gramática Concisa	
E1	Erros de Macroestrutura	
E2	Erros de Microestrutura	
E3	Erros de Vocabulário	

0a) Elementos e estrutura da oração (independente)

1) Em todas as frases que não imperativas (aquelas que se dirigem a segunda pessoa informal (**du**) há um |nom| ou REALIZADOR. Podem ter |acu|, |dat| ou |gen| como PARTICIPANTE conforme o padrão de ◯.

Exemplo	REALIZADOR	PARTICIPANTE	ESTRUTURA
Ich esse. Eu como.	Ich	-	|nom| + ◯
Ich esse Karotten. Eu como cenouras.	Ich	Karotten	|nom| + ◯ + |acu|

☞ Sobre os padrões de ◯, GC-15a.

2) De um modo geral, a oração divide-se em duas partes: "campo anterior" e "campo principal"

- campo anterior é o espaço antes de ◯ conjugado
- campo principal é todo o resto da oração; inicia com ◯

Exemplo	CAMPO ANTERIOR	CAMPO PRINCIPAL	ESTRUTURA
Ich esse Karotten. Eu como cenouras.	Ich	esse Karotten	|nom| + ◯ + |acu|

3) No caso de ● + ◯ e de ◐, o elemento conjugado vai aparecer abrindo o CAMPO PRINCIPAL e os demais aparecerão no final da oração, afastando-se assim de ◯ (ao contrário do português).

Exemplo	CAMPO ANTERIOR	CAMPO PRINCIPAL	ESTRUTURA
Kaninchen <u>müssen</u> Karotten <u>fressen</u>. Coelhos devem comer cenouras.	Kaninchen	<u>müssen</u> Karotten <u>fressen</u>.	nom + ● + acu + ○
Wir <u>haben</u> gestern Abend ein Karottensoufflé <u>gemacht</u>. Nós fizemos um suflê de cenoura ontem.	Wir	Wir <u>haben</u> gestern Abend ein Karottensoufflé <u>gemacht</u>	nom + ● + △ + acu + ○
Die Kaninchen fressen immer alle Karotten auf. Os coelhos sempre comem todas as cenouras.	Die Kaninchen	fressen immer alle Karotten auf.	nom + ○ + △ + acu + ☾

4) O campo principal é o local onde ficam △ e/ou acu e/ou dat e/ou gen. A ordem de △ se estabelece assim:

ordem de aparecimento de △ - grave a palavra *tecamalo*

1 TE (de tempo)	*2* CA (de causa)	*3* MA (de maneira)/	*4* LO (de local)

CAMPO ANTERIOR		CAMPO PRINCIPAL				
nom	●	△ TE	△ CA	△ MA	△ LO	○
Wir	sind	letztes Wochenende	wegen des schönen Wetters	ganz spontan	in die Berge	gefahren.

Por causa do bom tempo, fim de semana passado simplesmente resolvemos ir para a serra.

5) Dentro do mesmo campo a posição de [acu] e/ou [dat] e/ou [gen] segue a seguinte orientação:

- [acu] e ◇ + [acu] ou ◇ + [dat] tendem à direita, ficando próximos ao final da frase:

CAMPO ANTERIOR		CAMPO PRINCIPAL			
[nom]	◯	△ TE	△ TE	[acu]	ESTRUTURA
Er	ißt	morgens	immer	ein Ei	[nom] + ◯ + △ + △ + [acu]

De manhã ele sempre come um ovo.

CAMPO ANTERIOR		CAMPO PRINCIPAL			
[nom]	◯	△ TE	△ LO	◇ + [acu]	ESTRUTURA
Ich	warte	heute Mittag	vor dem Kino	auf [dich].	[nom] + ◯ + △ + △ + ◇ + [acu]

Hoje ao meio-dia vou te esperar na frente do cinema.

CAMPO ANTERIOR		CAMPO PRINCIPAL			
[nom]	◯	△ TE	△ TE	◇ + [dat]	ESTRUTURA
Ich	träume	seit Jahren	jede Nacht	von [dir].	[nom] + ◯ + △ + △ + ◇ + [dat]

Faz anos que eu sonho toda a noite contigo.

- Quando [acu] é um pronome, ele tende à esquerda:

CAMPO ANTERIOR	CAMPO PRINCIPAL						ESTRUTURA
[nom]	◯	[acu]	△ TE	△ TE	△ LO	⬭	
Ich	habe	ihn	im Sommer	oft	im Schwimmbad	getroffen.	[nom] + ● + [acu] + △ + △ + △ + ⬭

Eu frequentemente o encontrava na piscina no verão.

• [dat] tende à esquerda:

CAMPO ANTERIOR	CAMPO PRINCIPAL				ESTRUTURA
[nom]	◯	[dat]	△ TE	[acu]	
Er	schreibt	seiner Freundin	jede Woche	einen vier Seiten langen Brief	[nom] + ◯ + [dat] + △ + (⬭) [acu]

Toda semana ele escreve uma carta de quatro páginas para sua namorada.

6) Inversão da ordem "básica": [nom] + ◯ para ◯ + [nom]

• Do campo do meio retira-se, com frequência, um elemento ao qual se deseja dar ênfase.
• Esse elemento é colocado no campo anterior; ocasionando a "fuga" do elemento que estiver ali (geralmente [nom]) para o lugar imediatamente após ◯ :

CAMPO ANTERIOR	CAMPO PRINCIPAL				ESTRUTURA
△ TE	◯	[nom]	△ TE	◇ + [acu]	
Heute Mittag	warte	ich	vor dem Kino	auf dich.	△ + ◯ + [nom] + △ + ◇ + [acu]

🐝 A unidade de informação que mais frequentemente tende a ocupar o campo anterior é △ TE.

1

Pronúncia

1a) Alfabeto

Letra	Som e Comentário (quando não houver, significa que a semelhança com português é muito grande) (um traço embaixo da vogal sinaliza que ela é longa, um pontinho, que é curta.)
A	pode ser longo (Stra**ß**e) ou curto (W**a**sser)
B	mais "duro" do que em português
C	/tcê/ aparece quase sempre em SCH, CH e CK; quando sozinha tem o valor /tc/
D	/dê/
E	/ê/ pode ser longo e fechado (**e**ben /êben/) ou curto e aberto (**E**bbe /ébe/) e+n: som de "e" fica fraco e meio "engolido"
F	/éf/
G	/guê/ sempre tem o valor do nome, exceto quando em palavras estrangeiras, como **Ingenieur; Genie**
H	/rá/ quase sempre equivale a /r/ como em /rato/, exceto quando entre vogais, quando é mudo: **gehen** /guêen/; também aparece após vogais, sinalizando que são longas (mas seu som é mudo): **fahren** /faaren/ ; **Naht** /naat/
I	/î/ pode ser longo (**Der Ire** /iire/, o Irlandês) ou curto (**Der Irre** /ire/ o louco)

Letra	Som e Comentário (quando não houver, significa que a semelhança com português é muito grande) (um traço embaixo da vogal sinaliza que ela é longa, um pontinho, que é curta.)
J	/i-ót/ o "i" é friccionado como o /i/ em "velha"; em palavras estrangeiras tem som de /j/ como em **Journalist** (jornalista)
K	Como se tivesse um "h" sucedendo-o, é mais "explodido" do que em português
L	/él/ nunca tem som de /u/
M	/ém/
N	/én/
O	/ô/ pode ser longo (**Ofen** /ôfen/ forno) ou curto: (**offen** /ófen/ aberto)
P	Como se tivesse um "h" sucedendo-o, é mais "explodido" do que em português
Q	/ku/ só existe junto com "u" e a pronúncia é /kv/ como em **Quelle** /kvéle/ fonte
R	/ér/ pronunciado vibrando na garganta ou, em algumas regiões, batendo atrás dos dentes da frente, como o "r" gaúcho. Quando é antecedido por "e" e termina palavras tem som de /a/ próximo de /ó/ (**Mutter** / muta / mãe)
S	/és/ na frente de vogal tem som de /z/, exceto em alguns dialetos. Antes de **p** e **t** é chiado, como em **Straße** /xtra-ce/, **spielen** /xpielen/
T	Como se tivesse um "h" sucedendo-o, é mais "explodido" do que em português
U	/u/ pode ser longo (**Blume** bluume/flor) ou curto (**Mutter** /muta/ mãe)
V	/fáu/ tem som de /f/ (**voll** /fól/ cheio) exceto em palavras estrangeiras, onde tem som de /v/, como em **violett**
W	/vê/ sempre tem som de /v/
X	/íks/ sempre tem som de /ks/
Y	/üpsilon/ pronunciado com os lábios arredondados; em palavras que vêm do grego; equivale ao **ü**
Z	/tsét/ sempre tem som de /ts/

1b) Grafemas inexistentes em português ou com valor sonoro diferente

ä	/a-Umlaut/ tem som de /é/, bem aberto
ö	/o-Umlaut/ pronuncia-se um "e" fechado com os lábios arredondados
ü	/u-Umlaut/ tem o mesmo som do y
ß	/éstsét/ representa o [s] forte; só existe como minúscula; quando uma palavra começa com [s] forte, escreve-se Sz, por exemplo **Szene** /sêne/cena
ei	/ai/ **Ei** (ovo), **Blei** (chumbo)
äu	/ói/ **Fräulein** (senhorita), **gebräuchlich** (usual)
eu	/ói/ **heute** (hoje), **Deutschland** (Alemanha)
ei ai ey ay	/ái/como em **Meier, Maier, Meyer, Mayer**

*, em palavras de origem grega, tem o mesmo som do **ü**.

1c) Grupos de letras com valores sonoros diferentes ou inexistentes em português

Letras	Valor	Explicação e/ou exemplos
ck	/k/	Segue vogais curtas: **Zucker** (açúcar), **wecken** (despertar), **backen** (assar pão ou bolo etc.)
ch	• som de "r" forte na garganta após "a", "o", "u" e "au"	**Nacht** (noite), **noch** (ainda), **Suche** (busca), **auch** (também)
	• demais casos som de /i-ót/ aspirado	**durch** (através), **ich möchte** (eu gostaria), **schlecht** (ruim)
sch	/x/	**Schuh** (sapato), **Schach** (jogo de xadrez), **schneiden** (cortar)
chs	/ks/	**sechs** (seis), **wachsen** (crescer), **Fuchs** (raposa) e **Ochse** (boi)

1d) Informações importantes

- Não nasalize "m" ou "n" finais.
- O "n" que precede "k" ou "g" é formado na garganta e não atrás dos dentes: **lang; schlank, Menge, denken; Ring, sinken; Kongo, Onkel**.
- Não há emendas ou "pontes" entre palavras; todas são pronunciadas isoladamente. Palavras iniciadas por vogais começam com um estalinho na garganta ("golpe de glote"), o que confere um caráter "duro" à pronúncia.

2

Números

2a) Cardinais

- Escritos por extenso, os números formam uma palavra só até 999.999...
- A ordem das unidades e das dezenas troca a partir de 20.

1 eins	11 elf	21 einundzwanzig	70 siebzig
2 zwei	12 zwölf	22 zweiundzwanzig	80 achtzig
3 drei	13 dreizehn	30 dreißig	90 neunzig
4 vier	14 vierzehn	33 dreiunddreißig	100 hundert
5 fünf	15 fünfzehn	40 vierzig	123 hundertdreiundzwanzig
6 sechs	16 sechzehn	44 vierundvierzig	234 zweihundertvierunddreißig
7 sieben	17 siebzehn	50 fünfzig	1000 tausend
8 acht	18 achtzehn	55 fünfundfünfzig	2000 zweitausend
9 neun	19 neunzehn	60 sechzig	5555 fünftausendfünfhundertfünfundfünfzig
10 zehn	20 zwanzig	66 sechsundsechzig	1000000 eine Million

1000 000 000	eine Milliarde	um bilhão
1000 000 000 000	eine Billion	um trilhão
1000 000 000 000 000	eine Billiarde	um quatrilhão
...	...	...

2b) Ordinais

- São caracterizados pelo acréscimo do final **-te** até o 19 e de **-ste,** do 20 em diante.
- Algumas formas são ligeiramente irregulares.
- São abreviados com (ponto).

1.	die/der/das erste
2.	die/der/das zweite
3.	die/der/das dritte
4.	die/der/das vierte
5.	die/der/das fünfte
6.	die/der/das sechste
7.	die/der/das siebte
8.	die/der/das achte
9.	die/der/das neunte
10.	die/der/das zehnte
19.	die/der/das neunzehnte
20.	die/der/das zwanzigste
21.	die/der/das einundzwanzigste
100.	die/der/das hundertste
1000.	die/der/das tausendste

As datas são escritas com números ordinais: **Heute ist der 21. (der einundzwanzigste) August** (Hoje são 21 de agosto). **Der Kurs beginnt am 1.(ersten) September** (O curso começa em 1º de setembro).

De um modo geral, horas e preços são escritos e falados assim:
Es ist 8:30 h. = Es ist acht Uhr dreißig. (São oito e trinta.)
Die Strümpfe kosten DM 6,45 = Die Strümpfe kosten sechs Mark fünfundvierzig. (As meias custam 6 marcos e quarenta e cinco.)

3

Formação de palavras

3a) Composição

- Muitas palavras são compostas de dois ou mais elementos, onde a última palavra é a base e os elementos anteriores são modificadores da base.
- A última palavra determina o gênero da "composição".
- As sílabas tônicas (marcadas com sublinha) dessas palavras compostas recaem sempre sobre o primeiro elemento.

EXEMPLOS COM ☐

die T<u>ü</u>r	⇨ a porta
die H<u>a</u>ustür	⇨ a porta da casa
die <u>A</u>utotür	⇨ a porta do carro

EXEMPLOS COM ○

machen	⇨ fazer
anmachen	⇨ ligar (an é ◇ com ideia de proximidade)
ausmachen	⇨ desligar (aus é ◇ com ideia de afastamento)
mitmachen	⇨ cooperar; acompanhar (mit é ◇ com ideia de companhia)
aufmachen	⇨ abrir (auf é ◇ com ideia de abertura (ou contato com a superfície))
zumachen	⇨ fechar (zu é ◇ com ideia de fechamento (ou de direção ou de acréscimo))

🚲 GC-12g

3b) Prefixação de ○

- Muitos ○ simples (**gehen**, ir; **kommen**, vir; **fahren**, "viajar"; ...) podem receber um prefixo (= elemento que geralmente não existe mais como unidade de sentido), mudando assim por vezes consideravelmente de significado:

EXEMPLO COM **geben**:	
geben	⇨ dar
ergeben	⇨ resultar
Exemplo com **gehen**:	
gehen	⇨ andar
begehen	⇨ cometer
Exemplo com **stehen**:	
stehen	⇨ estar de pé
verstehen	⇨ compreender

🚲 Partes prefixadas, GC-12h

3c) Criação de □ por sufixação

▷	□
ehrlich (honesto)	**Ehrlichkeit** (honestidade)
schön (bonito)	**Schönheit** (beleza)
○ ⇨	□
wohnen (morar)	**Wohnung** (apartamento)
besprechen (falar sobre)	**Besprechung** (reunião)
ergeben (resultar)	**Ergebnis** (Resultado)

3d) Criação de ▭▷ por sufixação

▢ ou ◯	▭▷
Natur (natureza)	**natürlich** (natural)
Öl (óleo)	**ölig** (oleoso)
Furcht (temor)	**furchtsam** (temeroso)
machen (fazer)	**machbar** (factível)

3e) Criação de ▢

- ◯ , △ e ◇ e podem tornar-se ▢

◯ , e △	▢
tun (fazer)	**das Tun** (o fazer)
◇	
für und wider (pró e contra)	**das Für und Wider** (o pró e contra)
△	
hier und jetzt (aqui e agora)	**das Hier und Jetzt** (o aqui e agora)

- Quando ▭▷ se torna ▢ (pessoas), adquire inicial maiúscula e conserva as terminações da declinação:

▭▷	▢ Feminino		▢ Masculino		▢ Plural	
	definido	indefinido	definido	indefinido	definido	indefinido
krank (doente)	die Kranke	eine Kranke	der Kranke	ein Kranker	die Kranken	- Kranke
verwandt (parente)	die Verwandte	eine Verwandte	der Verwandte	ein Verwandter	die Verwandten	- Verwandte
fremd (estranho)	die Fremde	eine Fremde	der Fremde	ein Fremder	die Fremden	- Fremde
angestellt (empregado)	die Angestellte	eine Angestellte	der Angestellte	ein Angestellter	die Angestellten	- Angestellte
alt (velho)	die Alte	eine Alte	der Alte	ein Alter	die Alten	- Alte
unbekannt (desconhecido)	die Unbekannte	eine Unbekannte	der Unbekannte	ein Unbekannter	die Unbekannten	- Unbekannte

Obs.: **der/die Arme** (pobre), **der/die Bekannte** (conhecido), **der/die Berufstätige** (profissionalmente ativo), **der/die Ledige** (solteiro), **der/die Reiche** (rico), **der/die Verheiratete** (casado), **der/die Verletzte** (ferido), **der/die Arbeitslose** (desempregado), seguem o padrão acima.

- para ▭▷ que se torna ▭ (genérico, descrevendo coisas), usa-se a forma neutra de ▭▷ transformada em ▭:

▭▷	▭ definido	indefinido
schön	**das Schöne** (o belo)	**Schönes** (coisa bela)
	alles Schöne (tudo quanto é belo)	
gut	**das Gute** (o bem)	**Gutes** (coisa boa)
	alles Gute (tudo de bom!)	**viel Gutes** (muita coisa boa)
		nichts Gutes (nada de bom) ...

4 Partículas de ênfase

- Próprias da língua falada, estabelecem um elo sutil de comunicação entre os parceiros de comunicação.
- A maioria também existe como △ .
- Geralmente não são acentuadas.
- Raramente são traduzidas por palavras; em português podem ser até mesmo gestos ou expressões faciais.

Partícula	Exemplo e tradução:	"Mensagem"
aber	**Heute ist es aber kalt!** Como está frio hoje! **Du bist aber groß geworden!** Como você cresceu!	Surpresa com o tamanho, a intensidade ou a quantidade de algo (contra o que se espera)
allerdings	1) **Dieses Restaurant ist sehr gut, allerdings ist es auch teuer.** Este restaurante é muito bom, mas também é caro. 2) **A: Brauchst du das Auto heute?** Você precisa do carro hoje? **B: Allerdings!** Claro que sim!	1) Limitação de uma afirmação; reconhecimento de um fato contrário 2) Resposta afirmativa forte

Partícula	Exemplo e tradução:	"Mensagem"
bloß/nur	1) Warum hat er bloß nicht geantwortet? Mas por que ele não respondeu?	1) Desejo de explicação
	2) Wenn er nur schon hier wäre! Se ele ao menos já estivesse aqui!	2) Desejo (irreal)
denn (só em perguntas)	1) Wo wohnen Sie denn? Onde você mora?	1) Interesse grande pela informação
	2) Ja, sag mal, bist du denn verheiratet? Me diga uma coisa, você é mesmo casado(a)?	2) Surpresa (contra o esperado)
doch	1) Hilf mir doch bitte! Por favor me ajude!	1) Reforço de um pedido
	2) Wenn ich doch <nur> mehr Zeit hätte! Se eu ao menos tivesse mais tempo!	2) Desejo (irreal)
	3) Es ist doch klar, dass wir bei diesem Regen nicht spazieren gehen können! É evidente que não podemos ir passear com esta chuva!	3) Reforço de algo que o outro também sabe
eben/halt	A: Warum kommst du nicht? Por que você não vem? B: Ich kann eben nicht. Realmente não posso. A: Dann lass es eben. Então...	Ideia de que não há o que fazer; que tanto faz (gesto: encolher os ombros)
eigentlich	Hast du eigentlich studiert? Então você fez faculdade? Wie bedient man eigentlich dieses Gerät? Afinal como é que se opera esse aparelho?	Semelhante ao denn, às vezes seguindo-o (denn eigentlich); interesse acentuado
etwa (só em perguntas)	Kommst du heute etwa nicht? Não acredito que tu não vens hoje.	Consideração de uma possibilidade mas não aceitação da mesma
immerhin (só em afirmações)	Er verdient nicht gut, aber immerhin kann er sich ein Auto leisten. Ele não ganha bem, se bem que (o que ele ganha) dá para comprar um carro.	Referência a algo negativo (mencionado anteriormente), que no entanto ainda tem um lado positivo
ja	1) Frau Müller, Sie haben ja fünf Kinder! Das wusste ich nicht. Sra. Müller, eu não fazia ideia de que a Sra. tinha cinco filhos!	1) Surpresa com um fato
	2) Sie wissen ja, dass ich immer viel zu tun habe. O Sr. bem sabe que eu tenho muito o que fazer.	2) ↱ doch n. 3
mal	Komm bitte mal her! Dê uma chegadinha aqui! Kannst du mal den Koffer nehmen? Você poderia levar a mala?	Acentua o fato de que a pessoa só quer algo simples e sem importância, que não vai dar trabalho; é ocasional

Partícula	Exemplo e tradução:	"Mensagem"
ruhig (acentuada)	**Dieses Gericht macht nicht dick, du kannst es ruhig essen.** Esse prato não engorda, você pode comê-lo sem problemas.	Ideia de que a ação pode ser praticada sem preocupações de qualquer espécie
schon	1) **Mach dir keine Sorgen, du schaffst die Arbeit schon.** Não se preocupe, você vai conseguir fazer o trabalho. 2) **Das kann schon sein, aber...** Pode até ser, mas... 3) **Nun komm schon!** Venha duma vez!	1) Tranquilizador 2) Limitador (seguido de **aber**) 3) Expressão de impaciência (em ordens)
überhaupt	**Hat er überhaupt ein abgeschlossenes Studium?** Ele ao menos terminou a faculdade?	Coloca em dúvida um fato
vielleicht	**Ich bin nach Hongkong geflogen. Der Flug war vielleicht lang!** Voei para HK. Como foi demorado esse voo!	Surpresa, admiração com o tipo/forma de algo. Usado quando o interlocutor ainda não sabe sobre o assunto
wohl	A: **Frau Müller sieht heute müde aus.** A Sra. Müller parece cansada hoje. B: **Sie hat wohl zu wenig geschlafen.** Deve ter dormido pouco.	Leve suposição

5
Gênero

- O gênero das palavras complementa a leitura particular que cada cultura faz da realidade. Uma palavra qualquer pode ser do gênero feminino na língua materna e do gênero masculino na língua alemã, ou vice-versa. <u>Os gêneros não são congruentes</u>.
- Tanto as palavras que representam coisas quanto as que representam pessoas podem ser do gênero <u>masculino</u>, ou <u>feminino</u>, ou <u>neutro</u>.

Todos os substantivos são escritos com maiúscula!

Gêneros	
Singular	**die** (feminino); **der** (masculino); **das** (neutro)
Plural	**die** (feminino, masculino, neutro)

- Ao contrário do português, onde a terminação de palavras quase sempre indica claramente o gênero a que elas pertencem, o alemão pouco traz indicações de gênero nos ☐.
- O gênero feminino é o mais fácil de reconhecer, justamente porque a grande maioria dos ☐ que a ele pertencem apresentam terminações características.

5a) Terminações dos gêneros

- Existem algumas terminações através das quais os gêneros podem ser determinados:

	Terminações das palavras do gênero feminino:
• a grande maioria das palavras em	-e (die Sonne, o sol)
• todas em	-ei (die Bäckerei); -in (é a parte de palavra que forma femininos de masculinos Sänger, cantor Sängerin, cantora); -heit (die Schönheit, a beleza); -keit (die Ehrlichkeit, a honestidade); -schaft (die Wissenschaft, a ciência); -ung (die Zeitung, o jornal)
• as seguintes, de origem estrangeira, em	-ade (die Limonade, a limonada); -age (die Etage, o andar); -anz (die Toleranz, a tolerância); -enz (die Kompetenz, a competência); -ie (die Symphonie, a sinfonia); -ik (die Musik, a música); -ion (die Nation, a nação); -ose (die Aprikose, o damasco); -tät (die Universität, a universidade); -ur (die Frisur, o penteado); -üre (die Lektüre, a leitura)

	Para reconhecer:
o masculino o neutro	• muitas palavras terminadas em -er (nomes de profissões) • geralmente as palavras (quase sempre importadas de outra língua) que terminam em -i, -o, ou -u (vogais que não costumam finalizar um substantivo originalmente alemão)

> 🔖 O mecanismo por trás da adoção de gênero funciona como se a língua tivesse a capacidade de reconhecer e aceitar as palavras que obedecem ao seu padrão, "descartando" as que não o obedecem. Por isso ☐ não "reconhecidos" entram para o gênero neutro (que, originalmente, significa "nenhum de dois", ou seja, nem masculino nem feminino).

6

Formação de plurais

- Existem os oito padrões seguintes:

Singular	Plural	Padrão de formação (– significa plural) não se acrescenta terminação	Gênero em que mais comumente ocorre
der Lehrer (der Wagen der Sessel)	die Lehrer	-	masculino
der Garten	die Gärten	¨ -	masculino
der Tisch	die Tische	e	masculino
der Stuhl	die Stühle	¨ e	masculino
das Kind	die Kinder	er	neutro
das Buch	die Bücher	¨ er	neutro
die Tasche (die Wohnung)	die Taschen (die Wohnungen)	-n	feminino
das Auto	die Autos	-s	neutro

Obs.: Para saber qual o padrão que um ☐ vai seguir, é importante orientar-se pelo gênero (por exemplo, ☐ feminino geralmente forma o plural em **-n,**) e/ou pela terminação (por exemplo ☐ masculino e neutro em **-er** têm o plural idêntico ao singular). O mais seguro, porém, é estudar o plural com o artigo do ☐.

7

Declinações

- São "roupas" que marcadores, pronomes, ☐ e ⊏▷ podem "vestir" conforme a ocasião.
- Por "roupa" entenda-se uma modificação no final destas palavras; uma forma específica (um caso).
- Por "ocasião" entenda-se o papel que as palavras desempenham na oração (se ocupam o lugar do REALIZADOR, PARTICIPANTE ou △.); esse papel é determinado pelo ◯ (que deve ser considerado o "coração" da oração).

7a) As quatro "roupas" ou casos: nominativo, acusativo, dativo e genitivo

Caso	Feminino	Masculino	Neutro	Plural
Nominativo	die Frau	der Mann	das Kind	die Leute
Acusativo	die Frau	den Mann	das Kind	die Leute
Dativo	der Frau	dem Mann	dem Kind	den Leuten
Genitivo	der Frau	des Mannes	des Kindes	der Leute

🐞 Atenção! Em português não há mais de uma roupa para trocar conforme o padrão de ◯. GC-15a.

7a1) Nominativo

Nominativo: é a "roupa" que veste o REALIZADOR ou o **Prädikatsnomen** (Prädikatsnomen: nome dado ao PARTICIPANTE quando ⬯ = **sein** (ser, estar), **bleiben** (permanecer, ficar) e **werden** (tornar-se):

EXEMPLO	ESTRUTURA	TRADUÇÃO
Der Arzt untersucht den Patienten.	nom + ⬯ + acu	O médico examina o paciente.
Er ist ein guter Arzt.	nom + ⬯ + nom	Ele é um bom médico.

7a2) Acusativo

Acusativo: pode ser o PARTICIPANTE ou △ de tempo e de lugar.		
EXEMPLO	ESTRUTURA	TRADUÇÃO
Ich besuche **meine Freundin**.	nom + ⬯ + acu	Vou visitar minha amiga.
Es hat **den ganzen Tag** geregnet.	nom + ● + △ + ⬯	Choveu o dia inteiro.
Wir gehen heute in **den Park**.	nom + ⬯ + △ + △	Vamos ao parque hoje.

🕮 △ de Direção, GC-10b3 e 10b5

7a3) Dativo

Dativo: pode ser o PARTICIPANTE ou △ de tempo e de lugar.		
EXEMPLO	ESTRUTURA	TRADUÇÃO
Rauchen schadet **der Gesundheit**.	nom + ⬯ + dat	Fumar prejudica a saúde.
Seit **dem letzten Jahr** hat er eine neue Stelle.	△ + ● + nom + acu	Desde o ano passado ele tem um novo emprego.
Er ist Dozent an **der Universität**.	nom + ⬯ + nom + △ dat	Ele é professor na universidade.

🕮 △ de tempo com ◇, GC-10b1

7a4) Genitivo

Genitivo: indica atribuição		
EXEMPLO	ESTRUTURA	TRADUÇÃO
Das Schloss <u>des Barons</u> liegt auf dem höchsten Berg.	nom + gen + ○ + △ △	O castelo do barão fica na montanha mais alta.
Die Filialen <u>dieser Bank</u> sind schon um 8 Uhr geöffnet.	nom + gen + ● + △ + △ + ⬭	As filiais desse banco já estão abertas às 8 horas.

7b) As "roupas" dos marcadores

• Sabe-se a "roupa" que o △ está usando pela forma do marcador que o antecede:

7b1) Marcadores definidos

• Usados quando aquilo de que se fala já foi mencionado ou é conhecido:

Caso	Feminino	Masculino	Neutro	Plural
Nominativo	die, a	der, o	das, a/o	die, os/as
Acusativo	die	den	das	die
Dativo	der	dem	dem	den+ -n*
Genitivo	der	des+(e)s**	des+(e)s**	der

* Os substantivos que não têm "**n**" na sua forma plural recebem este "**n**" no dativo do plural (**die Kinder, den Kindern; die Apparate, den Apparaten** etc.). Os substantivos que terminam em "**s**" no plural não se enquadram aqui (**die Autos, den Autos; die Kinos, den Kinos; die Hotels, den Hotels** etc.).

** Todo substantivo masculino ou neutro no genitivo recebe um "**s**" (**der Mann, des Mannes; der Professor, des Professors; das Kind, des Kindes; das Gummi; des Gummis**).

🦋 Quando não há marcador antecedendo □, é preciso conhecer o padrão estrutural de ○ (GC-15a) e/ou o gênero de □ (GC-5) GC-7d.

7b2) Marcadores indefinidos

- Usados quando aquilo de que se fala ainda não foi mencionado ou é desconhecido.

Caso	Feminino	Masculino	Neutro
Nominativo	eine uma	ein um	ein um/uma
Acusativo	eine	einen	ein
Dativo	einer	einem	einem
Genitivo	einer	eines+ (e)s	eines+ (e)s

7b3) Marcadores negativos

- Usados para negar ☐ a que se referem.

Caso	Feminino	Masculino	Neutro	Plural
Nominativo	keine	kein	kein	keine
Acusativo	keine	keinen	kein	keine
Dativo	keiner	keinem	keinem	keinen+ -n*
Genitivo	keiner	keines+(e)s**	keines+(e)s**	keiner

7b4) Marcadores possessivos

- Os marcadores possessivos se comportam como os indefinidos e negativos.

Marcador possessivo	Pessoa a que se refere:
mein_	ich
dein_	du
ihr_	sie (ela)
sein_	er
sein_	es
unser_	wir
euer_	ihr
ihr_	sie (eles, elas)
Ihr_	Sie (o senhor, a senhora, a senhorita, os senhores, as senhoras: tratamento formal)

7b5) Marcadores demonstrativos

- Usados para "apontar".

Caso	Feminino	Masculino	Neutro	Plural
Nominativo	diese	dieser	dieses	diese
Acusativo	diese	diesen	dieses	diese
Dativo	dieser	diesem	diesem	diesen+ -n*
Genitivo	dieser	dieses+(e)s**	dieses+(e)s**	dieser

- Acompanham o padrão dessas terminações os demonstrativos:

welch_	"qual"; usado para escolher um elemento em um grupo formado de dois ou mais elementos
jed_	"cada"; indica a unidade no grupo
jen_	"aquele"; indica algo ou alguém à distância (raro)

- Os demonstrativos compostos **derselbe (o mesmo)** e **derjenige (aquele)** se comportam da seguinte forma:

Caso	Feminino	Masculino	Neutro	Plural
Nominativo	<u>die</u>selbe	<u>der</u>selbe	<u>das</u>selbe	<u>die</u>selben
Acusativo	<u>die</u>selbe	<u>den</u>selben	<u>das</u>selbe	<u>die</u>selben
Dativo	<u>der</u>selben	<u>dem</u>selben	<u>dem</u>selben	<u>den</u>selben+ -n*
Genitivo	<u>der</u>selben	<u>des</u>selben +(e)s**	<u>des</u>selben+ (e)s**	<u>der</u>selben

Obs: A parte sublinhada é idêntica à declinação dos marcadores definidos (tabela 7b1). A parte restante é a mesma da declinação dos adjetivos.

7c) Declinação em **–n**

- Existe um grupo de palavras masculinas que adota a terminação **–n** em todos os casos, menos no nominativo singular:

Caso	Masculino	Plural
Nominativo	der Mensch	die Menschen
Acusativo	den Menschen	die Menschen
Dativo	dem Menschen	den Menschen
Genitivo	des Menschen	der Menschen

- Os dicionários em geral apontam a forma de ☐ no genitivo, indicando assim quais palavras adotam esse **-n**.

- Nesta lista há um único ☐ neutro (indicado com !!!!).

Caso	Singular	Plural
Nominativo	das Herz	die Herzen
Acusativo	das Herz	die Herzen
Dativo	dem Herzen	den Herzen
Genitivo	des Herzen<u>s</u> (!!!)	der Herzen

7d) Declinação de ☐▷

- Há três tipos:

7d1) (Tipo 1) com marcador definido ou outro que se comporte do mesmo modo (ver tabela seguinte)

Caso	Feminino	Masculino	Neutro	Plural
Nominativo	die neue CD	der neue Computer	das neue Faxgerät	die neuen CDs/Computer/Faxgeräte
Acusativo	die neue CD	den neuen Computer	das neue Faxgerät	die neuen CDs/Computer/Faxgeräte
Dativo	der neuen CD	dem neuen Computer	dem neuen Faxgerät	den neuen CDs/Computern/Faxgeräten
Genitivo	der neuen CD	des neuen Computers	des neuen Faxgeräts	der neuen CDs/Computer/Faxgeräte

Obs.: Uma vez que o marcador definido ou seu similar traz claramente a informação sobre caso, gênero e número, o adjetivo traz indistintamente aqui, na grande maioria das suas formas, a terminação "**n**".

- Marcadores que agem sobre ☐ do mesmo modo que **der, die, das**:

Singular	Plural
dieser,e,es (este)	**diese** (estes)
jener,e, s (aquele)	**jene** (aqueles)
jeder, e ,s (cada um)	**alle** (todos)
welcher, e, s (qual)	**welche** (quais)
mancher, e, s (algum)	**manche** (alguns)
-	**keine** ("nenhuns")
-	**meine, deine, seine** etc. GC-7b4

7d2) (Tipo 2) com marcador indefinido ou outro marcador que se comporte do mesmo modo

Caso	Feminino	Masculino	Neutro	Plural
Nominativo	eine neue CD	ein neuer Computer	ein neues Faxgerät	- neue CDs/Computer/Faxgeräte
Acusativo	eine neue CD	einen neuen Computer	ein neues Faxgerät	- neue CDs/Computer/Faxgeräte
Dativo	einer neuen CD	einem neuen Computer	einem neuen Faxgerät	neuen CDs/Computern/Faxgeräten
Genitivo	einer neuen CD	eines neuen Computers	eines neuen Faxgeräts	neuer CDs/Computer/Faxgeräte

Obs.: Aqui o marcador indefinido ou seu semelhante não informa com tanta distinção sobre caso, gênero e número, por isso em algumas situações o adjetivo traz essa informação.

• Marcadores que agem sobre ⟶ do mesmo modo que **ein, eine, ein**:

Singular	Plural
kein, keine, kein	-
mein, meine, mein	-
-	einige (alguns)
-	mehrere (vários)
-	viele (muitos)
-	wenige (alguns poucos)
-	*todos os numerais*

7d3) (Tipo 3) Sem qualquer marcador

Caso	Feminino	Masculino	Neutro	Plural
Nominativo	kühle Luft	kühler Wind	kühles Wasser	- kühle Lüfte/Winde/Wasser
Acusativo	kühle Luft	kühlen Wind	kühles Wasser	- kühle Lüfte/Winde/Wasser
Dativo	kühler Luft	kühlem Wind	kühlem Wasser	- kühlen Lüften/Winden/Wassern
Genitivo	kühler Luft	kühlen Windes	kühlen Wassers	- kühler Lüfte/Winde/ Wasser

Obs.: Aqui, na total ausência de um informante anterior a ⇨, ⇨ assume a função de informar gênero, caso e número através de suas terminações. Contudo, no caso do genitivo masculino e neutro, para não ter duas vezes o som de "s", ⇨ é escrito com -n.

7d4) (Tipo 4) Marcadores possessivos e negativos

Os marcadores possessivos e marcadores negativos com ⇨ (aqui exemplo com marcador possessivo):

Caso	Feminino	Masculino	Neutro	Plural
Nominativo	meine neue CD	mein neuer Computer	mein neues Faxgerät	meine neuen CDs/Computer/Faxgeräte
Acusativo	meine neue CD	meinen neuen Computer	mein neues Faxgerät	meine neuen CDs/Computer/Faxgeräte
Dativo	meiner neuen CD	meinem neuen Computer	meinem neuen Faxgerät	meinen neuen CDs/Computern/Faxgeräten
Genitivo	meiner neuen CD	meines neuen Computers	meines neuen Faxgeräts	meiner neuen CDs/Computer/Faxgeräte

Obs.: O singular se comporta como o Tipo 2 e o plural, como o Tipo 1.

8

Pronomes

8a) Pronomes pessoais

Para o lugar do ↓	Pergunta correspondente: ↓	Pronomes: ↓							
REALIZADOR nom	wer? (quem?) was? (o quê?)	ich	du	sie	er	es	wir	ihr	sie
PARTICIPANTE acu	wen? was? (a quem? ao que?)	mich	dich	sie	ihn	es	uns	euch	sie
PARTICIPANTE dat	wem? - (para quem)?	mir	dir	ihr	ihm	ihm	uns	euch	ihnen

🐌 Para perguntar "de quem" usa-se "wessen". **Wessen Buch ist das? Das ist mein Buch.** ou **Das ist Tinas Buch** (= Das ist das Buch von Tina.) Quando o nome a que se acrescenta o s do possessivo já termina em "s" usa-se um ', como em **Carlos' Buch.**

🐌 Marcadores possessivos, GC-7b4

8b) Pronomes reflexivos

🐾 À exceção da terceira pessoa (plural e singular), que fica **sich**, as formas do dativo e do acusativo dos pronomes pessoais também são usadas, conforme seu caso, para quando o REALIZADOR e o PARTICIPANTE são o mesmo, ou seja, quando a ação é reflexiva.

EXEMPLO	ESTRUTURA	TRADUÇÃO
Sie freut sich.	[nom]+ ◯ + [acu]	Ela se alegra.
Ich freue mich.	[nom]+ ◯ + [acu]	Eu me alegro.
Die Kinder waschen sich die Hände.	[nom]+ ◯ + [dat] + [acu]	As crianças lavam as mãos.
Ich kann mir nicht helfen.	[nom]+ ● + [dat] + △ + ◯	Não consigo ajudar a mim mesmo.
Ich wasche mir die Hände.	[nom]+ ◯ + [dat] + [acu]	Eu lavo as mãos.

🐾 Pronomes que servem como conectores, GC-14b1 e 14b2

9

O uso de "**es**"

- **es** tem quatro funções

1) **es** substitui um ☐ neutro, tanto ⎡nom⎤ quanto ⎡acu⎤	**Das Buch ist interessant. Es ist interessant.** O livro é interessante. Ele é interessante. **Ich möchte das Buch lesen. Ich möchte es lesen.** Em gostaria de ler o livro. Eu gostaria de lê-lo.
2) **es** representa o REALIZADOR em expressões impessoais, geralmente de tempo	**Es regnet.** Está chovendo. **Hier ist es gemütlich. (Es ist hier gemütlich.)** Aqui é confortável.
3a) **es** ocupa o lugar do REALIZADOR quando este está deslocado para ênfase	**Es macht Spaß, ein interessantes Buch zu lesen.** É prazeroso ler um livro interessante. **(Ein interessantes Buch zu lesen macht Spaß.)**
3b) **es** também pode funcionar como antecipação do PARTICIPANTE com alguns ◯	**Ich halte es für wichtig, dass du dein Studium abschließt. (Dass du dein Studium abschließt, halte ich für wichtig.)** Considero importante que tu concluas teu curso.

🐾 Nos casos 1 e 2 o "**es**" é obrigatório, mesmo quando há inversão.
🐾 No caso 3 o "**es**" perde sua função quando as unidades de informação por ele antecipadas ficam na frente do ◯ da oração principal.

10 ◇

- De um modo geral, servem para introduzir cenários (△) e/ou características (▭▷).
- Há uma enorme variedade, sendo que os significados são muito específicos.
- Não podem ser livremente substituído entre si.
- É incômoda para o aluno de alemão a influência que tanto ○ quanto ◇ exercem sobre os elementos que deles dependem, pois estes <u>têm de</u> vestir uma "roupa" (veja a p. 43). Esta influência chama-se <u>regência</u>; dizemos que ○ ou ◇ regem ou exigem o [acu], [dat] ou [gen].

10a) As várias "roupas" exigidas por ◇

- A "roupa" do elemento que suceder ◇ depende do que ◇ exige, por exemplo:

EXEMPLO E TRADUÇÃO	ESTRUTURA
Er wohnt hier seit <u>einem Jahr</u>. Ele vive aqui há um ano.	[nom] + ○ + ◇ + [dat] (seit + [dat]) obs.: **seit** exige dativo; informações introduzidas por **seit** aparecerão no dativo
Dieses Buch ist für <u>meinen Lehrer</u>. Este livro é para meu professor.	[nom] + ○ + ◇ + [acu] (für + [acu]) **für** exige acusativo; informações introduzidas por **für** aparecerão no acusativo
Wegen <u>des schlechten Wetters</u> konnte ich nicht kommen. Por causa do mau tempo não pude vir.	◇ + [gen] + ● 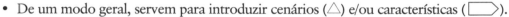 [nom] + △ + ○ + ○ (wegen + [gen]) **wegen** exige genitivo

10b) Os vários △ introduzidos por ◇

10b1) △ de tempo:	quando algo acontece responde a pergunta: **wann?**
an + Dativo "em"; "a"; para indicação de dias da semana, datas, aniversários e fins de semana	**Am Montag** hat sie immer Englischunterricht. Às segundas-feiras ela sempre tem aula de inglês. ⚜ aqui não é usada a forma separada (**an** + **dem**). **Sie hat am 5. Mai eine Prüfung.** Ela tem uma prova no dia 5 de maio. **Am Wochenende** ruht sie sich aus. No fim de semana ela descansa. **An ihrem Geburtstag** bekommt sie viel Besuch. No seu aniversário ela recebe muitas visitas.
in + D "em"; "dentro do período de"	**Er kommt in einer Woche zurück.** Ele vem daqui a uma semana. **Er hat das Buch in 2 Tagen gelesen.** Ele leu o livro em dois dias.
vor + D "antes de"; "faz/há (período) que"	**Vor dem Unterricht** habe ich keine Zeit. Antes da aula não tenho tempo. **Vor einer Woche** hat er seinen alten Freund wiedergesehen. Faz uma semana que ele reencontrou seu velho amigo. **Sie ist vor drei Wochen weggefahren.** Ela partiu há três semanas.
zwischen + D "entre"	**Zwischen dem 1. und dem 3. April ist die Bibliothek geschlossen.** Entre primeiro e três de abril a biblioteca estará fechada.
bis + Acusativo "até" Obs.: muitas vezes **bis** aparece junto com **zu**, principalmente com datas para realçar o limite do prazo por ele indicado: **bis zu** + D "até" (**zu** pede sempre dativo)	**Bis nächsten Montag** muß die Arbeit fertig sein. Até a próxima segunda-feira o trabalho tem de estar pronto. **Sein Visum ist bis zum 20. Juli gültig.** Até 20 de julho o seu visto é válido.
für + A "durante um período de tempo concebido" Obs.: a confusão com **zu** é muito frequente ⚙ E3-E	**Für die nächsten vierzehn Tage** hat er eine Reise geplant. Para os próximos quatorze dias ele planejou uma viagem. **Ich muß den Unterrricht für morgen vorbereiten.** Tenho de preparar a aula para amanhã.
gegen + A "em um momento aproximado"	**Er kommt erst gegen Abend nach Haus.** Ele virá para casa só à noitinha. **Die Sitzung endet gegen 11 Uhr.** A reunião termina por volta das 11 horas.

10b1) △ de tempo:	quando algo acontece responde a pergunta: **wann?**
nach + D "depois de"	<u>Nach dem Mittagessen</u> trinkt sie gern einen Kaffee. Depois do almoço ela gosta de tomar um café.
seit + D "desde (até o momento da fala, incluindo-o)" Obs.: a confusão com **vor** é muito frequente, E3-E p??	Sie ist <u>seit drei Wochen</u> verreist. Ela está em viagem há três semanas. (o período em que está fora) (compare com exemplos de uso de **vor**, neste item)
um + A "a (uma hora exata)"; "a (um momento inexato)"	<u>Um 10 Uhr</u> fängt die Sitzung an. Às 10 horas começa a reunião. <u>Um die Mittagszeit</u> haben die Kinder immer Hunger. Ao meio-dia as crianças sempre têm fome.
während + G "durante"	<u>Während des Fußballspiels</u> sahen drei Spieler die rote Karte. Durante o jogo de futebol três jogadores receberam cartão vermelho.
zu + D "a"; "em"; "durante"; "período de tempo dentro do qual algo acontece"	<u>Zu Anfang des Jahres</u> wird der Mindestlohn erhöht. No início do ano o salário-mínimo é aumentado. <u>Zu Ostern</u> verreisen wir. Na Páscoa vamos viajar. <u>Zu Lebzeiten seines Vaters</u> war ihre finanzielle Lage gesichert. Enquanto seu pai era vivo, a situação financeira deles era segura.
ab + D "a partir de"	<u>Ab dem 5. März</u> ist die Sporthalle wieder geöffnet. A partir de 5 de maio o ginásio de esportes estará novamente aberto.

Obs.: observe que, como em △ de lugar, ◇ **an/in/vor/zwischen** exigem dativo também em △ de tempo.

10b2) △ de causa, maneira e instrumento:	"como algo acontece" **wie? warum? auf welche Weise?**
aus + D "de" "por (causa de – causa pessoal cujos efeitos são controláveis)"	Er hat sie <u>aus Liebe</u> geheiratet. Ele casou com ela por amor. (**warum?**) <u>Aus welchem Grund</u> hat sie ihn verlassen? Por qual motivo ela o deixou?
mit + D "com (acompanhamento) (instrumento)"; "de"	Sie geht jeden Tag <u>mit ihrem Kind</u> auf den Spielplatz. Ela vai todos os dias ao playground com seu filho. (**Mit wem?**) Wir sind <u>mit dem Auto</u> an den Strand gefahren. Fomos de carro à praia. (**wie? wornit?**)
vor + D "de (tanto)"; por (causa de – causa cujos efeitos são incontroláveis e espontâneos)	Er war <u>vor Liebe</u> blind. Ele estava cego de (tanto) amor. (**warum?**) Sie zitterte <u>vor Angst</u>. Ela tremia de (tanto) medo. (**warum?**)

10b2) △ de causa, maneira e instrumento:	"como algo acontece" wie? warum? auf welche Weise?
ohne + A "sem"	Er verreist nie <u>ohne seinen Regenschirm</u>. Ele nunca viaja sem seu guarda-chuva. (wie?)
durch + A "através de" "por (meio de)"	Der Einbrecher ist <u>durch das Fenster</u> eingestiegen. O ladrão entrou pela janela. (wie?) <u>Durch das Feuer</u> wurde ein großer Schaden verursacht. Houve um grande estrago pelo fogo. (wie? wodurch?)
statt + G "em lugar de"	<u>Statt eines Koffers</u> nahm er eine Tasche mit. Em vez de uma mala ele levou uma bolsa.
trotz + G "apesar de"	<u>Trotz des schlechten Wetters</u> machen sie einen Spaziergang durch den Park. Apesar do mau tempo eles vão dar uma caminhada pelo parque.
wegen + G "por causa de (em geral causas externas, objetivas)	<u>Wegen des neuen Gesetzes</u> werden Autofahrer jetzt häufiger bestraft. Por causa da nova lei os motoristas são agora multados mais frequentemente.

10b3) △ de origem:	"de onde se origina" uma ação woher?
aus + D	Sie kommt um 12 Uhr <u>aus dem Unterricht</u>. Ela sai da aula às 12. Er kommt <u>aus Berlin</u>. Ele é de Berlim. (Nasceu e criou-se em Berlim.)
von + D	Sie holt ihre Tochter <u>von der Schule</u> ab. Ela busca a filha no colégio. Er kommt (jetzt) <u>von Berlin</u>. Ele está vindo de Berlim. (Esteve em Berlim.)

Obs.: **aus** e **von** sempre exigem o dativo.

10b4) △ de lugar:	"onde acontece algo" pergunta: **wo?**
an + D "encontro entre elementos que estão posicionados verticalmente, tocando ou não um ao outro"	Ich sitze <u>an dem/am Computer.</u> Estou ("fico") sentado no(ao) computador. (sem contato) **Das Bild hängt <u>an der Wand.</u>** O quadro está ("fica") pendurado à (na) parede. (com contato)
auf + D "em cima de, sempre tocando um ao outro"	Die Thermokanne steht <u>auf dem Tisch.</u> A garrafa térmica está ("fica") em cima da mesa.
hinter + D "atrás de"	Der Garten ist <u>hinter dem Haus.</u> O jardim fica atrás da casa.

10b4) △ de lugar:	"onde acontece algo" pergunta: **wo?**
neben + D "ao lado de, necessariamente ocupando a posição lateral"	Das Messer liegt <u>neben dem Teller.</u> A faca fica ("está deitada") ao lado do prato. Die Braut steht bei der Trauung <u>neben dem Bräutigam.</u> A noiva está ("fica") do lado do noivo na hora do "sim".
in + D "dentro de"	Was kocht <u>in dem Topf</u>? O que está cozinhando naquela panela? Die Wale leben <u>in dem/im Meer.</u> As baleias vivem no mar. Sie studiert <u>in der Schweiz.</u> Ela estuda na Suíça.
über + D "acima de, necessariamente sem contato"	Die Lampe hängt <u>über dem Tisch.</u> O lustre está ("fica") pendurada sobre a mesa.
unter + D "embaixo de"	Der Kaugummi klebt <u>unter dem Pult.</u> A goma de mascar está ("ficou") colada embaixo da carteira. Der Hund sitzt <u>unter dem Tisch.</u> O cachorro está sentado embaixo da mesa.
vor + D "na frente de"	Er wartet <u>vor dem Haus</u> auf seine Frau. Ele está esperando por sua esposa na frente de casa.
zwischen + D "no meio de, entre"	Das Kind sitzt <u>zwischen dem Vater und der Mutter.</u> A criança está/fica sentada entre o pai e a mãe. Das Wörterbuch steht <u>zwischen den anderen Büchern.</u> O dicionário está/fica no meio dos outros livros.
bei + D "próximo a; junto de, com a observação da relação hierárquica entre os elementos envolvidos" Cuidado com **mit**!!! **mit** significa parceria, sem a supremacia de nenhuma parte **Er arbeitet mit seinem Vater zusammen.** 👁 E3-E	Das Hotel ist <u>bei dem/beim Bahnhof.</u> O hotel fica próximo à estação de trem. **Er arbeitet <u>bei seinem Vater.</u>** Ele está trabalhando com seu pai. (O pai é dono do negócio e o filho é seu empregado.) **Sie wohnt immer noch <u>bei ihrer Mutter.</u>** Ela ainda está morando com a mãe. (A mãe é proprietária do imóvel e a filha já deveria ter se mudado...)

Obs.: Observe que todo ◇ em △ de lugar que responde à pergunta "onde" exige o dativo.

👁 GC-10b4 (cenários de direção e origem)
Obs.: Para **an** e **in** existem as formas de contração **am** (= an + dem) e **im** (= in + dem)

10b5) △ de direção:	"para onde se dirige" uma ação **wohin?**
an+ A "movimento entre elementos que estão posicionados verticalmente, tocando ou não um ao outro"	Ich setze mich <u>an den Computer.</u> Eu me sento ao computador ("vou até o computador e me sento"). Ich hänge das Bild <u>an die Wand.</u> Eu penduro o quadro à (na) parede.
auf + A "movimento para a superfície de, sempre com contato"	Ich stelle die Thermokanne <u>auf den Tisch.</u> Eu coloco a garrafa térmica ("em pé") em cima da mesa.
hinter + A "para trás de"	Der Gärtner bringt den Rasenmäher <u>hinter das Haus.</u> O jardineiro leva a máquina de cortar grama para trás da casa.
neben + A "para o lado de, necessariamente ocupando a posição lateral"	Ich lege das Messer <u>neben den Teller.</u> Eu coloco ("deito") a faca ao lado do prato. **Die Braut stellt sich bei der Trauung <u>neben den Bräutigam.</u>** A noiva se coloca ao lado do noivo na hora do "sim".
in + A "para dentro de"	Du mußt noch die anderen Zutaten <u>in den Topf</u> tun. Você ainda deve colocar os outros ingredientes na panela. **Zum Skilaufen fährt sie immer <u>in die Schweiz.</u>** Ela sempre viaja para a Suíça para esquiar.
über + A "para cima de, necessariamente sem contato"	Wir hängen die Lampe <u>über den Tisch und nicht über den Sessel.</u> Vamos pendurar/Penduramos o lustre sobre a mesa e não sobre a poltrona.
unter + A "para baixo de"	Der Schüler hat seinen Kaugummi <u>unter das Pult</u> geklebt. O aluno colou sua goma de mascar debaixo de carteira. **Der Hund setzt sich <u>unter den Tisch.</u>** O cachorro senta/vai sentar embaixo da mesa.
vor + A "para a frente de"	Er geht <u>vor das Haus,</u> um auf seine Frau zu warten. Ele vai para frente da casa para esperar por sua esposa.
zwischen + A "no meio de, entre"	Das Kind setzt sich <u>zwischen den Vater und die Mutter.</u> A criança se senta entre o pai e a mãe. Ich stelle das Wörterbuch <u>zwischen die anderen Bücher.</u> Eu coloco o dicionário (de pé) no meio dos outros livros.
nach + D "para (antes de nomes próprios geográficos, sem marcador)"	Fliegt er jedes Jahr <u>nach Brasilien</u>? Ele voa todo o ano para o Brasil?
zu + D "para"; "a"	Er geht <u>zum/zu dem Supermarkt.</u> Ele vai ao supermercado. Das Kind geht schon <u>zur Schule.</u> A criança já está no colégio.

Obs.: **nach** e **zu** sempre exigem o dativo.
Obs.: para zu existem as formas de contração **zum** (= **zu + dem**, masculino e neutro) e **zur** (= **zu + der**, feminino).

🐾 Os primeiros nove ◇ são os mesmos de △ de lugar, mas aqui respondem à pergunta **wohin** e exigem o acusativo.

11

△ de direção x △ de lugar:
mesmo ◇ e ○ distinto

- Há ○ distinto para △ de direção e de lugar:

	△ de lugar – **Wo?**		△ de direção – **Wohin?**
stehen	Der Blumentopf <u>steht</u> unter dem Tisch. O vaso de flores está (em pé) sob a mesa.	stellen	Wer <u>stellt</u> den Blumentopf immer unter den Tisch? Quem sempre coloca o vaso de flores debaixo da mesa?
liegen	Der Hund liegt auf meinem Bett. O cachorro está (deitado) na minha cama.	legen	Hund, warum legst du dich immer auf mein Bett?* Cachorro, por que você sempre deita em minha cama?
sitzen	Die Katze sitzt auf dem Baum. O gato está (sentado) na árvore.	setzen	Warum setzt sie sich immer auf den Baum?* Por que ele sempre se senta na árvore?
hängen**	Das Plakat hängt über dem Klo. O pôster está (pendurado) em cima do vaso sanitário	hängen **	Wer hängt es immer über das Klo? Quem sempre o pendura ali?

61

	△ de lugar – **Wo?**		△ de direção – **Wohin?**
stecken	**Die Stromrechnung steckt hinter dem Spiegel.** A conta da luz está (enfiada) atrás do espelho.	stecken	**Wer steckt die Stromrechnung immer hinter den Spiegel?** Quem sempre enfia a conta da luz atrás do espelho?

* O REALIZADOR e o PARTICIPANTE são o mesmo.

** No presente, **hängen,** estar pendurado, e **hängen,** pendurar, tem a mesma forma; atenção para as demais formas: **hängen,** estar pendurado ⇨ **hing, gehangen; hängen,** pendurar ⇨ **hängte, gehängt.**

12

- Existem duas classes: os chamados de "fortes" (geralmente irregulares) e os "fracos" (geralmente regulares).
- Muito importante: o grupo dos "fracos" é muito maior do que o dos "fortes". O ◯ "fraco" raramente troca de vogal; no passado simples sempre tem um **-t** entre a raiz e a terminação; o mesmo **-t** é terminação de ⬭.
- ◯ forte tem formas próprias, a maioria das quais segue o padrão abaixo (procure sempre conferir as formas de ◯ forte no dicionário).

12a) Formas básicas de ◯ "fortes" (⬭ geralmente terminados em -n)

n. de ◯ com o padrão	◯ no infinitivo	◯ no passado simples	⬭	padrão das vogais na raiz de ◯ presente – passado – (Linha de apofonia*)
28	<u>b</u>e<u>rg</u>en	barg	geborgen	e - a - o
23	<u>r</u>e<u>it</u>en	ritt	geritten	ei - i - i
22	biegen	bog	gebogen	ie - o - o
16	bleiben	blieb	geblieben	ei - ie -ie
10	fahren	fuhr	gefahren	a - u - a
8	spinnen	spann	gesponnen	i - a - o

*Modificação na vogal do radical.

12b) Lista de formas de ○

○ (infinitivo)	○ (passado simples; ich...)	◯	●
befehlen	befahl	befohlen	haben
beginnen	begann	begonnen	haben
bieten	bot	geboten	haben
binden	band	gebunden	haben
bitten	bat	gebeten	haben
bleiben	blieb	geblieben	sein
brechen	brach	gebrochen	haben/sein
bringen	brachte	gebracht	haben
denken	dachte	gedacht	haben
empfehlen	empfahl	empfohlen	haben
essen	aß	gegessen	haben
fahren	fuhr	gefahren	sein
fallen	fiel	gefallen	sein
fangen	fing	gefangen	haben
finden	fand	gefunden	haben
fliegen	flog	geflogen	sein
geben	gab	gegeben	haben
gehen	ging	gegangen	sein
gelingen	gelang	gelungen	sein
gelten	galt	gegolten	haben
genießen	genoss	genossen	haben
geschehen	geschah	geschehen	ist (só na 3ª pessoa)
gewinnen	gewann	gewonnen	haben
gießen	goss	gegossen	haben
greifen	griff	gegriffen	haben
halten	hielt	gehalten	haben
hängen	hing	gehangen	haben
heben	hob	gehoben	haben
heißen	hieß	geheißen	haben
helfen	half	geholfen	haben
kommen	kam	gekommen	sein
laden	lud	geladen	haben
lassen	ließ	gelassen	haben
laufen	lief	gelaufen	sein
leiden	litt	gelitten	haben
lesen	las	gelesen	haben
liegen	lag	gelegen	haben
meiden	mied	gemieden	haben
messen	maß	gemessen	haben
nehmen	nahm	genommen	haben
raten	riet	geraten	haben

(infinitivo)	◯ (passado simples; ich...)	◯	●
reiten	ritt	geritten	sein
rufen	rief	gerufen	haben
schaffen	schuf	geschaffen	haben
scheinen	schien	geschienen	haben
schieben	schob	geschoben	haben
schießen	schoss	geschossen	haben
schlafen	schlief	geschlafen	haben
schlagen	schlug	geschlagen	haben
schließen	schloss	geschlossen	haben
schneiden	schnitt	geschnitten	haben
schreiben	schrieb	geschrieben	haben
schreien	schrie	geschrieen	haben
schweigen	schwieg	geschwiegen	haben
schwimmen	schwamm	geschwommen	sein
sehen	sah	gesehen	haben
sein	war	gewesen	sein
singen	sang	gesungen	haben
sinken	sank	gesunken	sein
sitzen	saß	gesessen	haben
sprechen	sprach	gesprochen	haben
springen	sprang	gesprungen	sein
stehen	stand	gestanden	haben
stehlen	stahl	gestohlen	haben
steigen	stieg	gestiegen	sein
sterben	starb	gestorben	sein
stinken	stank	gestunken	haben
stoßen	stieß	gestoßen	haben
streiten	stritt	gestritten	haben
tragen	trug	getragen	haben
treffen	traf	getroffen	haben
treten	trat	getreten	haben/sein
trinken	trank	getrunken	haben
tun	tat	getan	haben
vergessen	vergaß	vergessen	haben
verlieren	verlor	verloren	haben
wachsen	wuchs	gewachsen	sein
waschen	wusch	gewaschen	haben
werben	warb	geworben	haben
werden	wurde	geworden	sein
werfen	warf	geworfen	haben
wiegen	wog	gewogen	haben
wissen	wusste	gewusst	haben
ziehen	zog	gezogen	haben
zwingen	zwang	gezwungen	haben

12c) Perspectivas

12c1) Ativa

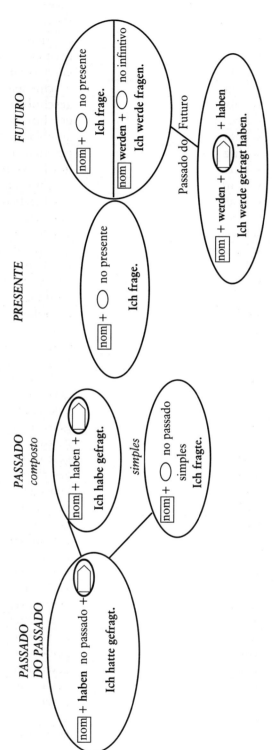

Ich frage. Eu pergunto.
Ich habe gefragt. Eu perguntei.
Ich fragte. Eu perguntei/perguntava.
Ich hatte gefragt. Eu tinha perguntado.
Ich werde fragen. Eu vou perguntar.
Ich werde gefragt haben. Eu vou ter perguntado.

12c2) Passiva

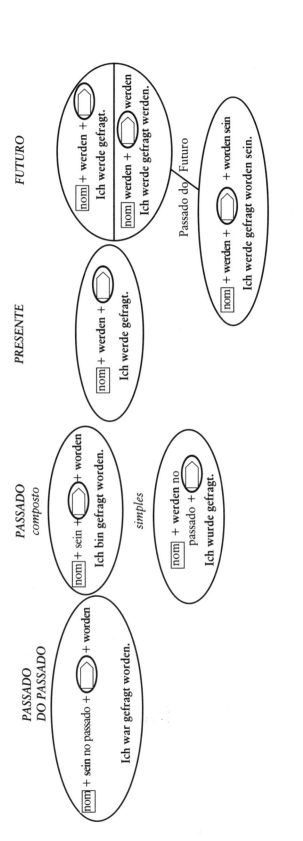

Ich werde gefragt. Eu sou perguntado.
Ich bin gefragt worden. Eu fui perguntado.
Ich wurde gefragt. Eu fui/era perguntado.
Ich war gefragt worden. Eu tinha sido perguntado.
Ich werde gefragt werden. Eu serei perguntado. (rara!)
Ich werde gefragt worden sein. Eu teria sido perguntado. (rara!)

🞟 Os elementos indicados nas estruturas de cada tempo são todos necessários, mas não precisam aparecer necessariamente na ordem dada.

12d) Conjugações

Obs.: **du** equivale a "tu" ou "você".

12d1) Exemplo com **fragen**

	PASSADO	PRESENTE		FUTURO
	composto			
	ich habe gefragt	ich frage		ich werde fragen
	du hast gefragt	du fragst		du wirst fragen
	sie/er/es hat gefragt	sie/er/es fragt		sie/er/es wird fragen
	wir haben gefragt	wir fragen		wir werden fragen
	ihr habt gefragt	ihr fragt		ihr werdet fragen
	sie haben gefragt	sie fragen		sie werden fragen
PASSADO DO PASSADO			**PASSADO DO FUTURO**	
	simples			
ich hatte gefragt	ich fragte		ich werde gefragt haben	
du hattest gefragt	du fragtest		du wirst gefragt haben	
sie/er/es hatte gefragt	sie/er/es fragte		sie/er/es wird gefragt haben	
wir hatten gefragt	wir fragten		wir werden gefragt haben	
ihr hattet gefragt	ihr fragtet		ihr werdet gefragt haben	
sie hatten gefragt	sie fragten		sie werden gefragt haben	

12d2) Exemplo com **bitten**

	PASSADO	PRESENTE		FUTURO
	composto			
	ich habe gebeten du hast gebeten sie/er/es hat gebeten wir haben gebeten ihr habt gebeten sie haben gebeten	ich bitte du bittest sie/er/es bittet wir bitten ihr bittet sie bitten		ich werde bitten du wirst bitten sie/er/es wird bitten wir werden bitten ihr werdet bitten sie werden bitten
PASSADO DO PASSADO			**PASSADO DO FUTURO**	
	simples			
ich hatte gebeten du hattest gebeten sie/er/es hatte gebeten wir hatten gebeten ihr hattet gebeten sie hatten gebeten	ich bat du batest sie/er/es bat wir baten ihr batet sie baten		ich werde gebeten haben du wirst gebeten haben sie/er/es wird gebeten haben wir werden gebeten haben ihr werdet gebeten haben sie werden gebeten haben	

✂ Uso dos tempos, GC-12d1 e 12d2

12d3) ◯ irregular no presente

- Existem alguns ◯ que formam <u>a segunda e a terceira pessoas do singular</u> com uma vogal ligeiramente diferente da do infinitivo.

exemplo com **sprechen**
ich spr<u>e</u>che
du spr<u>i</u>chst
sie/er/es spr<u>i</u>cht
wir spr<u>e</u>chen
ihr spr<u>e</u>cht
sie spr<u>e</u>chen

- Outros que assim se comportam são **vergessen, essen, sehen, lesen, nehmen, treffen, geben, treten, empfehelen, geschehen, werfen, werben, messen, befehlen, helfen, stehlen, versprechen, gelten, brechen, sterben, werden, bergen, fechten, verderben, dreschen, erschrecken, flechten, fressen, quellen, schelten, schmeltzen, schwellen, stechen.**

exemplo com **fahren**
ich fahre
du fährst
sie/er/es fährt
wir fahren
ihr fahrt
sie fahren

- Outros que assim se comportam são **schlafen, tragen, fallen, waschen, graben, raten, laden, lassen, laufen, schlagen, wachsen, braten, halten, fangen, anfangen, saufen.**

12e) **Konjunktiv II**

- O que é: um modo de ação (não um tempo de ◯).
- O que expressa: algo irreal.
- Usado para: (1) expressar cortesia em pedidos, ordens ou conselhos; (2) expressar que uma condição, um desejo, uma comparação são irreais.
- Equivale, em português, às formas com final em -ia\-ias\-íamos\-íam, assim como às terminadas em -esse\-esses\-éssemos\-essem etc.
- A irrealidade pode se referir ao momento da fala, caso em que se usa o **KII** do presente; a irrealidade pode referir-se a também a um momento passado, neste caso usa-se o **KII** do passado.

12e1) Formação do **KII**

12e1a) **KII** do presente

Forma culta: derivado do passado simples. Compare as formas a seguir:

PASSADO SIMPLES exemplo com **bitten**, pedir	⇒	KONJUNKTIV II DO PRESENTE
ich bat	⇒	ich bäte
du batest	⇒	du bätest
sie/er/es bat	⇒	sie/er/es bäte
wir baten	⇒	wir bäten
ihr batet	⇒	ihr bätet
sie baten	⇒	sie bäten

Forma popular: em substituição à forma culta, existe uma forma mais coloquial, cuja estrutura é: **werden** no KII + ○

PASSADO SIMPLES exemplo com **bitten** pedir	⇒	KONJUNKTIV II DO PRESENTE
ich bat	⇒	ich würde bitten
du batest	⇒	du würdest bitten
sie/er/es bat	⇒	sie/er/es würde bitten
wir baten	⇒	wir würden bitten
ihr batet	⇒	ihr würdet bitten
sie baten	⇒	sie würden bitten

🕮 Nas terminações do **KII** do presente não há distinção entre ○ irregulares ("fortes") e regulares ("fracos"). O **Umlaut** (¨) geralmente só aparece em ○ fortes, em cima de **a**, (exemplo: **bäte**), o (exemplo: **flöge**), u (exemplo: **führe**).

🕮 Observe a igualdade entre as estruturas do passado simples e de ○ "fracos" no KII. **würde** + ○ no infinitivo é usado para resolver essa ambiguidade.

12e1b) **KII** do passado

Derivado do passado do passado (com duas possibilidades de ajudantes, **haben** no KII e sein no **KII**)

PASSADO SIMPLES exemplo com **bitten**, pedir		KONJUNKTIV II DO PRESENTE
ich hatte gebeten	⇒	ich hätte gebeten
du hattest gebeten	⇒	du hättest gebeten
sie/er/es hatte gebeten	⇒	sie/er/es hätte gebeten
wir hatten gebeten	⇒	wir hätten gebeten
ihr hattet gebeten	⇒	ihr hättet gebeten
sie haten gebeten	⇒	sie häten gebeten

PASSADO SIMPLES exemplo com **fahren**, ir (com veículo)		KONJUNKTIV II DO PASSADO
ich war gefahren	⇒	ich wäre gefahren
du warst gefahren	⇒	du wärst gefahren
sie/er/es war gefahren	⇒	sie/er/es wäre gefahren
wir waren gefahren	⇒	wir wären gefahren
ihr wart gefahren	⇒	ihr wärt gefahren
sie waren gefahren	⇒	sie wären gefahren

12e1c) **KII** na Passiva

IRREALIDADE PASSADA (formado a partir da Perspectiva Passiva do passado do passado, ⮞ GC-12c2) [Nom] + sein no KII + ⬭ + worden		IRREALIDADE PRESENTE [nom] + ⬤ do KII + infinitivo da VP (⬭ + werden)	
ich wäre gefragt worden.	ich wäre eingeladen worden.	ich würde gefragt werden.	ich würde eingeladen werden
du wärest gefragt worden	du wärest eingeladen worden	du würdest gefragt werden	du würdest eingeladen werden
sie/er/es wäre gefragt worden	sie/er/es wäre eingeladen worden	sie/er/es würde gefragt werden	sie/er/es würde eingeladen werden
wir wären gefragt worden	wir wären eingeladen worden	wir würden gefragt werden	wir würden eingeladen werden
ihr wäret gefragt worden	ihr wäret eingeladen worden	ihr würdet gefragt werden	ihr würdet eingeladen werden
sie wären gefragt worden	sie wären eingeladen worden	sie würden gefragt werden	sie würden eingeladen werden

12f) **Konjunktiv I**

- Compare os dois textos nas duas colunas abaixo:

Ein Kommissar erzählt: "Die Lage in der Hauptstadt <u>ist</u> noch nie so gefährlich gewesen. Tag für Tag <u>gibt</u> es Überfälle und Einbrüche, und der Bürger <u>muss</u> ständig auf der Hut sein. Erst gestern <u>habe</u> ich einen Dieb gefangen genommen; hoffentlich <u>kommt</u> er bald vor Gericht, denn sonst <u>kann</u> sich bald niemand mehr auf die Straße wagen."	Ein Kommisar erzählt, die Lage in der Hauptstadt <u>sei</u> noch nie so gefährlich gewesen. Tag für Tag <u>gebe</u> es Überfälle und Einbrüche, und der Bürger <u>müsse</u> ständig auf der Hut sein. Erst gestern <u>habe</u> er einen Dieb gefangen genommen; hoffentlich <u>komme</u> er bald vor Gericht, denn sonst <u>könne</u> sich bald niemand mehr auf die Straße wagen."
Um delegado relata: "A situação na capital está perigosa como nunca. Dia após dia há assaltos e arrombamentos, e o cidadão tem de estar constantemente atento. Ainda ontem prendi um ladrão. Espero que ele seja logo julgado, pois caso contrário em breve ninguém mais poderá andar na rua."	

- As formas de ⃝ na coluna da direita estão no que se chama **Konjunktiv I**.
- **Konjunktiv I** é um modo de ⃝ e não um tempo.
- Expressa que a ação é relatada, como ocorre, por exemplo, em uma matéria de jornal. Nesse modo, o jornal distancia-se do fato relatado, não assumindo a responsabilidade por sua veracidade. Este relato também tem o nome de "discurso indireto".
- Em português, uma forma usada para expressar esse distanciamento é "ele teria dito/teria feito" etc.

12f1) Formação do KI do presente (referência a algo que está se passando)

	kommen	geben	müssen	können	haben	sein
ich	komme	gebe	müsse	könne	habe	sei
du	kommest	gebest	müssest	könnest	habest	seiest
sie/er/es	komme	gebe	müsse	könne	habe	sei
wir	kommen	geben	müssen	können	haben	seien
ihr	kommet	gebet	müsset	könnet	habet	seiet
sie	kommen	geben	müssen	können	haben	seien

🦋 ⃝ forma **KI** partindo direto do infinitivo, com as terminações **-e, -est, -e, -en, -et, -en** na raiz. Na 1ª pessoa do singular, na 1ª e na 3ª pessoa do plural as formas de ⃝ são iguais no **KI** e no indicativo (as formas "usuais" do presente). Por isso frequentemente usa-se o **KII** em substituição adiante para manter o aspecto de relato na mensagem. O único ⃝ que tem formas do **KI** bem diferentes das do indicativo é **sein**, que não tem o -e final na 1ª e na 3ª pessoa do singular.

🦋 O **KI** é uma forma bastante elaborada de relatar. Ocorre muito em textos jornalísticos e pouco na língua falada, que usa outras formas, mais simples, como por exemplo: **Er erzählt, dass die Lage noch nie so ernst gewesen ist** (indicativo com oração dependente). Ele conta que a situação nunca esteve tão séria. Ou ainda: **Er erzählt, die Lage ist noch nie so ernst gewesen** (indicativo, orações independentes separadas por vírgula).

12f2) Construção do **KI**

- Na prática, o **KI** é mais usado nas 3ªs pessoas (do singular e do plural), já que relatos na grande maioria apresentam estas pessoas.
- Confira as tabelas do discurso direto e do discurso indireto.

- Presente:

Discurso Direto (indicativo)	Discurso Indireto (**KI** no presente)
Die Zeitung schreibt: "Die Lage ist gefährlich." "Es gibt viele Überfälle." "Man muss ständig aufpassen." O jornal escreve: "A situação está perigosa. "Existem muitos assaltos." "Deve-se ter cuidado constante."	Die Zeitung schreibt, die Lage <u>sei</u> gefährlich, es <u>gebe</u> viele Überfälle, man <u>müsse</u> ständig aufpassen.

- Passado (referência a algo já acontecido):

Discurso direto (*indicativo*; passado simples ou composto)	Discurso indireto (**KI** no passado, derivado do passado composto)
Die Zeitung schreibt: "Die Lage war gefährlich/ist gefährlich gewesen." "Es gab viele Überfälle/hat viele Überfälle gegeben." "Man musste ständing aufpassen/hat ständig aufpassen müssen."	Die Zeitung schreibt, die Lage <u>sei</u> gefährlich gewesen, es <u>habe</u> viele Überfälle gegeben, man <u>habe</u> ständig aufpassen müssen.

- Futuro (referência a algo que vai acontecer):

Discurso direto (indicativo)	Discurso Indireto (**KI** no futuro)
Die Zeitung schreibt: "Die Lage wird gefährlich sein." "Es wird viele Überfälle geben." "Man wird ständig aufpassen müssen."	Die Zeitung schreibt, die Lage <u>werde</u> gefährlich sein, es <u>werde</u> viele Überfälle geben, man <u>werde</u> ständig aufpassen müssen

> 🕮 No caso dos tempos compostos, como o passado composto e o futuro, ● entra no **KI**, permanecendo inalteradas as outras formas de ○.

12f3) Voz passiva do **KI**

- Presente:

Discurso direto	Indireto (KI)
Die Zeitung schreibt: "Jeden Tag wird die Polizei zu Hilfe gerufen." O jornal escreve: "Todos os dias a polícia é chamada para socorrer."	Die Zeitung schreibt, jeden Tag <u>werde</u> die Polizei zu Hilfe gerufen.

- Passado:

Discurso direto	Indireto (KI)
Die Zeitung schreibt: "Gestern wurde die Polizei wieder zu Hilfe gerufen/ist die Polizei wieder einmal zu Hilfe gerufen worden."	Die Zeitung schreibt, gestern <u>sei</u> die Polizei wieder einmal zu Hilfe gerufen worden.

- Futuro:

Discurso direto	Indireto (KI)
Die Zeitung schreibt: "Wahrscheinlich wird auch in Zukunft die Polizei jeden Tag zu Hilfe gerufen werden."	Die Zeitung schreibt, wahrscheinlich <u>werde</u> auch in Zukunft die Polizei jeden Tag zu Hilfe gerufen werden.

🐾 As formas do **KI** pertencem mais ao conhecimento passivo (entender "a mensagem" em textos escritos) do que ao conhecimento ativo (usado pelo aluno para comunicar-se).

12g) ⬯ = verbos com pré-verbos

- Existem ⬯ compostos que, quando conjugados, partem-se nos seus dois elementos constitutivos.
- ☾ vai para o final da frase; o "restante" permanece. Esse tipo de ⬯ "perde a cabeça". (⬯ = ⬯ + elementos da frase + ☾)
- ⬯: composições de ⬯ com outros elementos, antepostos, que geram novos significados.

- Exemplos (a estrutura é a mesma para ambos os exemplos):

⬯	Presente	Passado Composto
anrufen	Ich rufe meine Mutter an. Eu vou telefonar para minha mãe.	Ich habe meine Mutter angerufen. Eu telefonei para minha mãe.
einladen	Sie lädt ihre Tante zum Kaffee ein. Ela vai convidar sua tia para tomar um café.	Sie hat ihre Tante zum Kaffee eingeladen. Ela convidou sua tia para tomar um café.
ESTRUTURA	nom + ⬯ + acu + △ + ☾	nom + ● + acu + △ + ⬯

Observação: Nestes verbos, na forma ⬯, o ☾ juntou-se outra vez ao ⬯.

- São muito numerosas as palavras que podem ser ☾. As mais frequentes são as seguintes:

"cabeça" ☾	Exemplo com raiz: ☾ + ○	Exemplo de uso em estruturas diversas
ab	abschlagen	Er hat meine Bitte abgeschlagen. Ele recusou o meu pedido.
an	anziehen	Zieh deinen Mantel an! Vista o seu casacão!
auf	aufhören	Wann hörst du endlich mit dem Rauchen auf? Quando é que você vai parar de fumar?
aus	ausgehen	Wir gehen jeden Freitag aus, aber heute habe ich keine Lust auszugehen. Saímos todas as sextas-feiras, mas hoje não tenho vontade de sair. Infinitivo com **zu**, ⇨ GC-B2
ein	einschlafen	Das Kind ist gestern schon um 8 Uhr eingeschlafen. A criança dormiu ontem às 8 horas.
nach	nachmachen	Der Affe macht das Kind nach. O macaco está imitando a criança.
vor	vorschlagen	Er schlug mir einen Kompromiss vor. Ele me propôs um acordo.
zu	zuschließen	Hast du die Tür auch zugeschlossen? Você chaveou a porta?
zurück	zurücklegen	Können Sie mir dieses Kleid bis morgen zurücklegen? O senhor poderia reservar esse vestido para mim até amanhã?

> 🕮 Esse tipo de ○ só se separa em orações independentes, sem ajudante de maneira, no presente e no passado simples.

> 🕮 O acento tônico nesses ○ está sempre no primeiro elemento da composição, justamente aquele que se solta (☾).

> 🕮 As palavras **hinter, unter, um, über, durch**, também aparecem tanto como ☾ quanto como parte prefixada de ○.

12g1) ⬭ em orações dependentes

• Padrão genérico com exemplos:

nom	+ ⬭ / ⬭	(+ acu ou dat)/ (△)	(+ ⬭)/ ⬭
Er	kann	nicht	sagen
Ich	möchte	gern	wissen
Er	friert		

,

⬜	+ nom ou + acu dat	(+ △)	+ ⬭
ob	er mich	heute	anruft.
wann	sie	mit dem Rauchen	aufhörte.
weil	er seinen Mantel nicht		angezogen hat.

Ele não sabe dizer se vai me ligar hoje./Eu gostaria de saber quando ela parou de fumar./ Ele está com frio porque não vestiu seu casacão.

12g2) ⬭ em orações com ●

• Padrão genérico com exemplos:

nom	+ ●	(+ acu ou dat)	(△)	(+ ⬭)
ich	muss	ihn	heute	anrufen.
Sie	wollte		gestern ins Kino	mitkommen.
Sie	hätten		letztes Wochende	zurückkehren müssen.

Eu tenho de ligar para ele hoje./ Ela queria ir ao cinema conosco ontem./Eles deveriam ter retornado fim de semana passado.

12h) ⬭ com prefixos

• Comparados com as raízes isoladas, também formam novos significados, assim como ⬭.

Prefixo	Exemplo com raiz	Exemplo de uso em estruturas diversas
Be-	bestellen	Sie bestellt einen Imbiss. Ela pede um lanche.
Ent-	entdecken	Cabral hat im Jahr 1500 Brasilien entdeckt. Cabral descobriu o Brasil no ano de 1500.
Er-	erfahren	Ich habe erfahren, dass das Benzin wieder teurer wird. Eu soube que a gasolina vai aumentar de novo.
Ge-	gehören	Dieses Handy gehört nicht mir, sondern meiner Schwester. Este celular não pertence a mim mas, sim a minha irmã.
Ver-	verbringen	Er verbringt seine Ferien in der Karibik. Ele passa as férias no Caribe.
Zer-	zerschlagen	Sie haben bei ihrem Streit viel Porzellan zerschlagen. Durante a briga eles quebraram muita louça.

GRAMÁTICA CONCISA DA LÍNGUA ALEMÃ PADRÃO (HOCHDEUTSCH) 79

12i) Quadro comparativo: ⊙ simples, e ⊙ com prefixo

Exemplos em torno de **stellen**

ESTRUTURA	stellen (⊙)	bestellen (⊙ com parte prefixada)	anstellen (⊙)
presente	ich stelle	ich bestelle	ich stelle an
passado do passado	ich stellte	ich bestellte	ich stellte an
passado composto	ich habe gestellt	ich habe bestellt	ich habe angestellt.
oração dependente no presente, passado simples e passado composto	weil ich stelle weil ich stellte weil ich gestellt habe	weil ich bestelle weil ich bestellte weil ich bestellt habe	weil ich <u>anstelle</u> weil ich <u>anstellte.</u> weil ich angestellt habe

12j) Tempos e conjugações de ⊙

12j1) Perspectiva ativa

Exemplo com **einladen**

	PASSADO	PRESENTE		FUTURO
	composto			
	ich habe eingeladen du hast eingeladen sie/er/es hat eingeladen wir haben eingeladen ihr habt eingeladen sie haben eingeladen	ich lade ein du lädst ein sie/er/es lädt ein wir laden ein ihr ladet ein sie laden ein		ich werde einladen du wirst einladen sie/er/es wird einladen wir werden einladen ihr werdet einladen sie werden einladen
PASSADO DO PASSADO			PASSADO DO FUTURO	
	simples			
ich hatte eingeladen du hattest eingeladen sie/er/es hatte eingeladen wir hatten eingeladen ihr hattet eingeladen sie hatten eingeladen	ich lud ein du ludst ein sie/er/es lud ein wir luden ein ihr ludet ein sie luden ein		ich werde eingeladen haben du wirst eingeladen haben sie/er/es wird eingeladen haben wir werden eingeladen haben ihr werdet eingeladen haben sie werden eingeladen haben	

12|2) Perspectiva passiva

	PASSADO	PRESENTE	FUTURO
	composto		
	ich bin eingeladen worden du bist eingeladen worden sie/er/es ist eingeladen worden wir sind eingeladen worden ihr seid eingeladen worden sie sind eingeladen worden	ich werde eingeladen du wirst eingeladen sie/er/es wird eingeladen wir werden eingeladen ihr werdet eingeladen sie werden eingeladen	ich werde eingeladen werden du wirst eingeladen werden sie/er/es wird eingeladen werden wir werden eingeladen werden ihr werdet eingeladen werden sie werden eingeladen werden
	simples		
	ich wurde eingeladen du wurdest eingeladen sie/er/es wurde eingeladen wir wurden eingeladen ihr wurdet eingeladen sie wurden eingeladen		
PASSADO DO PASSADO			PASSADO DO FUTURO
ich war eingeladen worden du warst eingeladen worden sie/er/es war eingeladen worden wir waren eingeladen worden ihr wart eingeladen worden sie waren eingeladen worden			ich werde eingeladen worden sein du wirst eingeladen worden sein sie/er/es wird eingeladen worden sein wir werden eingeladen worden sein ihr werdet eingeladen worden sein sie werden eingeladen worden sein

12k) Ordens

- Há quatro formas de "dar ordens" ou convidar. Ordens dadas a:

du (você/tu):

De um modo geral, é retirado o –st da segunda pessoa do singular do presente:	Du gehst - Geh! Du schreibst – Schreib! Du siehst - Sieh!
Em ○ fortes, que tem a raiz em **a**, e mudam para **ä** nas segunda e terceira pessoas do presente, a forma para "dar ordens" perde o ¨:	Du fährst – Fahr! Du schläfst - Schlaf! Du fängst an – Fang an!
O verbo **sein** tem um forma própria:	Du bist – sei!

wir (nós/a gente):

É usada a mesma forma de ○ conjugado no presente, porém ○ aparece antes da pessoa:	wir gehen – Gehen wir! wir fangen an – Fangen wir an! Wir treffen uns – Treffen wir uns!

ihr (vocês):

É usada a forma conjugada do presente, porém sem a pessoa:	Ihr geht – Geht! Ihr sprecht – Sprecht! Ihr ruft an! – Ruft an!

Sie (o(s) senhor(es)/ a(s) senhor(as):

É usada a forma conjugada do presente, com a pessoa:	Sie setzen sich – Setzen Sie sich! Sie hören zu – Hören Sie zu! Sie passen auf – Passen Sie auf!

> **Sie** é o pronome de tratamento formal que corresponde a o(s) senhor(es)/a(s) senhor(as). Sua conjugação equivale a da terceira pessoa do plural.

12l) ⬤

- ⬤ é um tipo de ◯ que vem acompanhado de outro ◯ e que ajuda a expressar uma "ação modificada" (☞ 12lb) e/ou ajuda a formar tempos compostos, assim como a perspectiva passiva.

12la) ⬤ de tempos compostos e perspectiva passiva (com as conjugações)

Tempos compostos	
haben	Ich <u>habe</u> den ganzen Tag gearbeitet. Trabalhei o dia inteiro.
sein	Wir <u>sind</u> im Park spazieren gegangen. Fomos passear no parque.
werden	Ich <u>werde</u> dich nie vergessen. Nunca vou esquecer de ti. Morgen um diese Zeit <u>wird</u> er schon in Rom angekommen sein. Amanhã a essa hora ele já terá chegado em Roma.
Perspectiva passiva	
werden	In dieser Region Brasiliens <u>wird</u> viel Deutsch gesprochen. Nesta região do Brasil fala-se muito alemão. Er <u>ist</u> für seine Arbeit sehr gelobt <u>worden</u>. Ele foi muito elogiado por seu trabalho.

Conjugação de **HABEN**

	PASSADO	PRESENTE		FUTURO
	composto			
	ich habe gehabt	ich habe		ich werde haben
	du hast gehabt	du hast		du wirst haben
	sie/er/es hat gehabt	sie/er/es hat		sie/er/es wird haben
	wir haben gehabt ihr habt gehabt	wir haben		wir werden haben ihr werdet haben
	sie haben gehabt	ihr habt		sie werden haben
		sie haben		
PASSADO DO PASSADO			**PASSADO DO FUTURO**	
	simples			
ich hatte gehabt	ich hatte		ich werde gehabt haben	
du hattest gehabt	du hattest		du wirst gehabt haben	
sie/er/es hatte gehabt	sie/er/es hatte		sie/er/es wird gehabt haben	
wir hatten gehabt	wir hatten		wir werden gehabt haben	
ihr hattet gehabt	ihr hattet		ihr werdet gehabt haben	
sie hatten gehabt	sie hatten		sie werden gehabt haben	

Conjugação de SEIN

	PASSADO *composto*	PRESENTE		FUTURO
	ich bin gewesen du bist gewesen sie/er/es ist gewesen wir sind gewesen ihr seid gewesen sie sind gewesen	ich bin du bist sie/er/es ist wir sind ihr seid sie sind		ich werde sein du wirst sein sie/er/es wird sein wir werden sein ihr werdet sein sie werden sein
PASSADO DO PASSADO	*simples*		**PASSADO DO FUTURO**	
ich war gewesen du warst gewesen sie/er/es war gewesen wir waren gewesen ihr wart gewesen sie waren gewesen	ich war du warst sie/er/es war wir waren ihr wart sie waren		ich werde gewesen sein du wirst gewesen sein sie/er/es wird gewesen sein wir werden gewesen sein ihr werdet gewesen sein sie werden gewesen sein	

Conjugação de WERDEN

Conjugação de WERDEN*

Na função de ●, o ⬭ de **werden** perde o prefixo **ge**. Quando é ○ pleno (="transformar-se", "tornar-se"), conserva o **ge**.

	PASSADO	PRESENTE		FUTURO
	composto			
	ich bin geworden du bist geworden sie/er/es ist geworden wir sind geworden ihr seid geworden sie sind geworden	ich werde du wirst sie/er/es wird wir werden ihr werdet sie werden		ich werde werden du wirst werden sie/er/es wird werden wir werden werden ihr werdet werden sie werden werden
PASSADO DO PASSADO			**PASSADO DO FUTURO**	
		simples		
ich war geworden du warst geworden sie/er/es war geworden wir waren geworden ihr wart geworden sie waren geworden		ich wurde du wurdest sie/er/es wurde wir wurden ihr wurdet sie wurden	ich werde geworden sein du wirst geworden sein sie/er/es wird geworden sein wir werden geworden sein ihr werdet geworden sein sie werden geworden sein	

> 🐾 **Haben, sein** e **werden** também aparecem desacompanhados de ○. Neste caso, **sein** significa "ser, estar, existir", **haben** significa "ter, possuir" e **werden**, "tornar-se".

121b) ● de maneira

- Corresponde a "poder/saber", "dever/ter de" e "querer", ● em português, que indica o aspecto sob o qual uma ação é realizada.
- Nestes casos, como em português, precisa de um outro ○, sempre no infinitivo.

| Eu tenho de ir agora. | Ich muss jetzt gehen. |
| Ela sabe nadar. | Sie kann schwimmen. |

- Podem, contudo, aparecer sozinhos, como ○ (o participante nesse caso é geralmente um pronome).

| Eu não quero isto. | Ich will das nicht. |
| Ele sabe inglês. | Er kann Englisch. |

- Há alguns ● que não encontram equivalência em uma palavra em português:

wollen	
querer (vontade forte):	Sie will ihn nicht heiraten. Sie liebt ihn nicht. Ela não quer casar com ele. Ela não o ama.
können	
poder (viabilidade):	Ich kann den Text gut lesen. Ich habe genug Licht. Eu consigo ler bem o texto. Tenho luz suficiente.
poder (habilidade):	Ich kann Japanisch lesen. Ich habe Japanisch gelernt. Eu sei ler japonês. Aprendi japonês.
dürfen	
(ter a permissão de):	Darf ich jetzt reinkommen? Posso entrar agora?
com "nicht": (ser proibido (de)	Hier darf nicht geraucht werden. Aqui é proibido fumar.
müssen	
dever internalizado: (dever)	Du musst dir regelmäßig die Zähne putzen. Sonst bekommst du Karies. Você deve escovar os dentes regularmente. Senão terá cáries.
necessidade objetiva: (ter de, precisar)	Ich muss alle zwei Stunden eine Tablette nehmen. So steht es auf dem Beipackzettel. Tenho de tomar um comprimido a cada duas horas. Está na bula.
sollen	
dever imposto:	Der Arzt hat gesagt, ich soll weniger Fett essen. O médico disse que eu devo comer menos gordura. Sollen wir das noch einmal erklären? É para explicarmos isso outra vez?

12Ib1) Conjugações, formas e tempos de ●

presente +pessoas	AJUDANTES DE MANEIRA				
	wollen	können	dürfen	müssen	sollen
ich	will	kann	darf	muss	soll
du	willst	kannst	darfst	musst	sollst
sie/er/es	will	kann	darf	muss	soll
wir	wollen	können	dürfen	müssen	sollen
ihr	wollt	könnt	dürft	müsst	sollt
sie	wollen	können	dürfen	müssen	sollen

Formas e tempos:

infinitivo ◯	WOLLEN	KÖNNEN	DÜRFEN	MÜSSEN	SOLLEN
passado simples	wollte	konnte	durfte	musste	sollte
◯	gewollt	gekonnt	gedurft	gemusst	gesollt
Konjunktiv II ☞ GC-12e	wollte	könnte	dürfte	müsste	sollte

passado composto	[nom.]+haben + ◯ + ● Ich habe den Brief nicht schreiben können. Eu não pude escrever a carta.
	[nom.] + haben +[acu]+ ◯ Ich habe es nicht gekonnt. Não consegui.
passado simples (conjugar no passado como **fragen**)	**Ich wollte dich gestern anrufen.** Eu quis te telefonar ontem. [nom]+ ● + ◯
passado do passado	[nom] + haben no passado + ◯ + ● (infinitivo) **Er hatte sie nicht erkennen können.** Ele não tinha conseguido reconhecê-la.
	[nom.] + haben no passado +[acu]+ ◯ **Ich hatte es nicht gekonnt.** Eu não tinha conseguido.
futuro	[nom.] + werden +● infinitivo **Er wird morgen arbeiten müssen.** Ele terá de trabalhar amanhã.

Obs. 1: Praticamente não se usa o passado do futuro desses ● .
Obs. 2: Não são usados na perspectiva passiva.

Exemplo de conjugação com **können**

	PASSADO	PRESENTE		FUTURO
	composto			
	ich habe gekonnt/können	ich kann		ich werde können
	du hast gekonnt/können	du kannst		du wirst können
	sie/er/es hat gekonnt/können	sie/er/es kann		sie/er/es wird können
	wir haben gekonnt/können	wir können		wir werden können
	ihr habt gekonnt/können	ihr könnt		ihr werdet können
	sie haben gekonnt/können	sie können		sie werden können
PASSADO DO PASSADO			**PASSADO DO FUTURO***	
	simples			
ich hatte gekonnt/können	ich konnte		ich werde gekonnt haben	
du hattest gekonnt/können	du konntest		du wirst gekonnt haben	
sie/er/es hatte gekonnt/können	sie/er/es konnte		sie/er/es wird gekonnt haben	
wir hatten gekonnt/können	wir konnten		wir werden gekonnt haben	
ihr hattet gekonnt/können	ihr konntet		ihr werdet gekonnt haben	
sie hatten gekonnt/können	sie konnten		sie werden gekonnt haben	

* muito raro

🕸 O infinitivo que depende do ajudante aparece sempre no final da oração. Por exemplo, **Ich fahre nach Haus.** Eu vou para casa.
(+ ⬤) **ich will nach Haus fahren.** Eu quero ir para casa.
(+ ⬤ + complementos) **Ich will heute um 8 nach Haus fahren.** Eu quero ir para casa hoje às 8.

🕸 ◯ que pode atuar como ⬤, com duas finalidades, é **lassen**:
finalidade 1: "mandar fazer":
Ich lasse ein Kleid nähen. Vou mandar fazer um vestido.
Ich lasse die Haare schneiden. Vou cortar o cabelo (é sempre uma outra pessoa que o faz).
finalidade 2: deixar (como "permitir")
Lass mich das machen. Deixe eu fazer isso.
Das Kind will sich nicht fotografieren lassen. A criança não quer se deixar fotografar.
Sie hat sich letztes Jahr operieren lassen. Ela fez uma cirurgia ano passado.
Lassen como ◯ significa "deixar algo em algum lugar" e tem a forma do passado com ge-:
◯
Wenn du mit dem Essen fertig bist, lass bitte das Geschirr in der Küche. Quando você terminar de comer, por favor deixe a louça na cozinha.
Jetzt habe ich doch schon wieder meinen Schlüssel zu Haus gelassen. Puxa! Deixei a chave outra vez em casa.

👓 Passado composto dos ajudantes, GC-121a

🕸 O KII (👓 GC-12e) de **mögen**, que é **möchte**, tem a função de ⬤ de polidez (mais suave do que **ich will**): **Ich möchte heute im Park spazierengehen.** Eu gostaria de passear no parque hoje.

12lb2) Outros significados de ⬤ de maneira

12lb2a) ⬤ de probabilidade

- Além dos significados já explicados, alguns ⬤ são usados para expressar o grau de probabilidade de ◯.
- Para alguns graus de probabilidade são empregadas as formas do **KII**.

GRAU DE PROBABILIDADE CRESCENTE	EXEMPLO	MODO
possibilidade	**Heute kann es regnen.** Hoje pode chover.	indicativo
probabilidade leve	**Heute mag es regnen./Heute könnte es regnen.** Hoje poderia chover.	**mögen**: indicativo **können**: KII
decorrência lógica sem comprovação	**Heute dürfte es regnen.** (Pelo céu, nuvens, calor etc.) Parece que hoje vai chover.	KII
"deveria"	**Heute müsste es regnen.** Hoje deveria chover (porque está muito quente).	KII
alta probabilidade (expressa com werden, que não pertence ao grupo de ● de maneira)	**Heute wird es wohl regnen.** *É muito provável que chova. *Usa-se **wohl** nesta expressão de alta probabilidade para diferenciar do futuro com **werden**. Obs.: a colocação dos graus de probabilidade com o mesmo exemplo tem uma finalidade explicativa apenas.	indicativo
"deve"	**Heute muß es regnen.** Hoje certamente chove./Hoje tem de chover.	indicativo

🦋 Essas probalidades podem referir-se a ações passadas:
A: **Wann hat der Dichter wohl dieses Werk geschrieben?** Quando teria o poeta escrito esta obra?
B: **Er könnte es in seiner Jugend geschrieben haben.** Ele pode tê-la escrito em sua juventude.

12Ib2b) ● de afirmação

- **wollen** e **sollen** têm a função de ● de afirmação (só no indicativo):

PERSPECTIVA DA AFIRMAÇÃO	EXEMPLO
própria	**Frau Müller will eine Verwandte der Königin von England sein.** A Sra. Müller afirma ser parente da rainha da Inglaterra. **Sie will das Geheimnis bewahrt haben, aber jeder weiß davon.** Ela afirma ter mantido o segredo, mas todos sabem sobre ele.
alheia	**Wo ist der flüchtige Betrüger? Er soll in der Schweiz sein.** Onde está o fraudador fugitivo? Dizem que ele está na Suíça. **Herr Müller soll sein ganzes Geld verspielt haben.** Dizem que o Sr. Müller perdeu todo o seu dinheiro no jogo.

13

Formas de ○ como ▷

- ○ possui duas formas que podem atuar como ▷:

Forma 1: ▷, que basicamente descreve uma ação terminada, aparecendo nos tempos passado composto, passado do passado e passado do futuro, assim como em todos os tempos da perspectiva passiva, descreve como é algo ou alguém, justamente porque esse algo ou alguém foi submetido à sua ação:

Português	
Pôr é ação:	Posta (forma de pôr) é característica:
Ele pôs a mesa	A mesa está posta. A mesa posta ficou bonita.
Alemão	
decken é ação	gedeckt é característica (▷):
Er hat den Tisch gedeckt.	Der Tisch ist gedeckt. Der gedeckte
Ele pôs a mesa.	Tisch sieht schön aus. A mesa está posta. A mesa posta ficou bonita.

Forma 2: ⟩, vinda do verbo, usada como característica. Ao contrário da anterior, descreve uma ação simultânea e tem a perspectiva ativa. É formada pelo acréscimo de **-d** ao infinitivo. (**blühen**, florescer, + **-d**, **blühend**, (aquilo) que está em flor, *florescente*; **erfrischen**, refrescar, + **-d**, **erfrischend**, (aquilo) que refresca, *refrescante*)

Português	
Convencer é ação: O seu argumento me convence.	*Convincente* é característica: O argumento é convincente. Convincente é uma característica do argumento: O argumento convincente facilitou a nossa decisão.
Alemão	
überzeugen é ação **Sein Argument überzeugt mich.** O seu argumento me convence.	**überzeugend** é característica (⟩): (**Das Argument ist überzeugend**) raro, pois poucas dessas formas são usadas como o PARTICIPANTE de **sein**. Mais comum é: **Sein überzeugendes Argument hat uns die Entscheidung erleichtert.** O seu argumento convincente facilitou a nossa decisão.

13a) Formas de ◯ como ▭ com complementação

- Tanto ⟩ quanto ⟩ guardam a sua natureza de ◯, o que permite o acréscimo de △ e PARTICIPANTES mesmo sendo ⟩ e ⟩ usados como ▭.

⟩	**Der gedeckte Tisch sieht schön aus.** A mesa posta ficou bonita. **Der von mir gedeckte Tisch sieht schön aus.** A mesa posta por mim ficou bonita.
	Der von mir um 11 Uhr gedeckte Tisch sieht schön aus. A mesa posta por mim às 11 horas ficou bonita.
	Der von mir um 11 Uhr sorgfältig gedeckte Tisch sieht schön aus. A mesa cuidadosamente posta por mim às 11 horas ficou bonita.
⟩	**Dieses schmerzlindernde Medikament wirkt sofort.** Este analgésico tem efeito imediato. (**Das Medikament lindert den Schmerz.** O medicamento alivia a dor.)
	Die Schönheit der über dem Guaíba untergehenden Sonne ist weltberühmt. A beleza do sol que se põe sobre o Guaíba é famosa em todo o mundo. (**Die Sonne geht über dem Guaíba unter.** O sol se põe sobre o Guaíba.)

Obs.: △ aparece entre o marcador e ⟩ ou ⟩ .

13b) Gerundivum

- Forma própria da língua culta, escrita.
- É ⟨Partizip I⟩ antecedido por **zu**.
- Significa que algo pode (ou não pode) ou deve (ou não deve) ser feito.
- Em português, corresponde a uma oração dependente (subordinada) relativa.

Gerundivum	Tradução
die **zu erwartende** Veränderung des Klimas	a mudança climática que pode(deve) ser esperada
der heute noch **zu beantwortende** Brief	a carta que hoje ainda deve ser respondida
eine **anzuerkennende** Leistung	um esforço que deve ser reconhecido
ein nicht mehr **zu reparierendes** Gerät	um aparelho que não pode mais ser consertado
eine schwer **zu heilende** Grippe	uma gripe que dificilmente se pode curar
eine in kurzer Zeit **zu erledigende** Arbeit	um trabalho que deve ser realizado em pouco tempo

🕮 A forma ⟨Partizip I⟩ precedida por **zu**, de um modo geral, transmite a ideia de que algo deve ser feito. Essa forma é própria da língua escrita.

14

Relações/encaixes entre orações
(Satzgefüge)

- União de duas orações através de um conector – ⇌ ou ← – que indica a qualidade da relação entre elas (se de dependência ou de independência).
- Podem estar estruturadas de duas formas; como:
  a) Independentes (independente + independente) e
  b) Dependentes (independente + dependente ou dependente + independente)

14a) Orações independentes ou de igual importância na construção da informação, cujos conectores são representados por ⇌ ou ←

- A estrutura básica das independentes é, a princípio: nom + ○ + complementos.
- Estão estruturadas de um modo que permite sua autonomia.

> A autonomia da oração é algo estritamente formal, definido pela presença de nom + ○, ao contrário de português, onde basta ○ para formar uma oração.

exemplos de orações independentes em contraste com português:

duas orações independentes; duas vezes a presença de sujeito e uma vírgula (opcional)	Ich schlafe, und ich träume von dir.
duas orações independentes	Eu durmo e eu sonho com você.
uma oração com dois verbos; ausência do segundo **ich** faz uma oração apenas	Ich schlafe und träume von dir.
duas orações com dois verbos	Eu durmo e sonho com você.

> 🕸 Ao contrário do português, em alemão não se pode subentender o sujeito, senão apenas o ◯ (à exceção das orações infinitivas).

14a1) ⇌ e a qualidade da relação que estabelece

- Exemplos de conectores ⇌ e a qualidade da relação que estabelecem:

⇌	Qualidade da relação	Exemplo
Und	soma; acréscimo	Ich gehe zur Arbeit und er bleibt zu Haus. Eu vou para o trabalho e ele fica em casa.
Aber	oposição	Ich will nicht heiraten, aber sie besteht darauf. Eu não quero casar, mas ela insiste.
oder	alternativa	Ich leihe dir das Buch, oder du kannst es selber kaufen. Eu te empresto o livro, ou tu podes comprá-lo.
sondern	afirmação contra negação	Nicht sie hat diesen Brief geschrieben, sondern er hat es getan. Não foi ela que escreveu esta carta, mas sim ele.
denn	motivo	Er kommt heute nicht, denn er hat viel zu tun. Ele não vem hoje, pois tem muito para fazer.

> 🕸 As duas independentes conservam sua estrutura básica e ⇌ ocupa a "posição zero" (GC-O).

14a2) Conectores que são cenários

- Pode-se usar certos cenários para unir orações.
- Quando os cenários ocupam a função dos conectores, eles tomam o lugar do REALIZADOR (há inversão).
- Uma vez que são cenários, esses conectores podem aparecer logo depois de ◯, também.

- Exemplos de △ com ⇌ e a qualidade da relação que estabelecem:

→ ←	Qualidade da relação
deshalb, deswegen, darum, daher	motivo
zuerst, dann, danach, schließlich, zuletzt, gleichzeitig, vorher, nachher	tempo
trotzdem, dennoch, jedoch	oposição
also	conclusão

- Exemplos com a indicação da posição ocupada na construção da informação:

		posição 1	posição 2	posição 3	
⇌ na posição do REALIZADOR	1 Ich dusche,	danach	gehe	ich	schlafen
⇌ na posição do △	2 Ich dusche.	Ich	gehe	danach	schlafen
⇌ na posição do REALIZADOR	3 Ich denke nicht nach,	also	bin	ich	dumm.
⇌ na posição do △	4 Ich denke nicht nach.	Ich	bin	also	dumm.

trad.: 1+2 Eu tomo uma ducha, depois vou dormir. 3+4 Eu não reflito, por isso sou tolo.

14b) Orações dependentes

- Seus conectores são representados por ←.
- O último elemento é sempre ○, conjugado ou não.
- São, em sua maioria, substitutivas a uma unidade de informação que pertence à oração principal, por isso só fazem sentido em relação a esta.

oração substitui informação de duração: △ *quando?*	Die Gespräche werden aufgenommen, <u>während die Sitzung stattfindet</u>. As conversações são gravadas enquanto a reunião acontece.
a mesma informação pode ser construída de outra forma:	Die Gespräche werden <u>während der Sitzung</u> aufgenommen. As conversações são gravadas durante a reunião.

Da mesma forma:

substitui informação de motivo: △ *por quê?*	**Er ist oft erkältet, <u>weil das Klima feucht ist</u>.** Ele está frequentemente resfriado por causa do clima úmido.
outra forma:	**Er ist <u>wegen des feuchten Klimas</u> oft erkältet.** Por causa do clima úmido ele está frequentemente resfriado.
☐ substitui o PARTICIPANTE: *comunicou o quê?*	**Er hat mir mitgeteilt, <u>dass er kommt</u>.** Ele me informou que vem.
PARTICIPANTE	**Er hat mir <u>sein Kommen</u> mitgeteilt.** Ele me informou "sua vinda".
☐ substitui o REALIZADOR *o que nos alegra?*	**<u>Dass er kommt</u>, freut uns sehr.** Que ele venha nos alegra muito.
REALIZADOR	**<u>Sein Kommen</u> freut uns sehr.** Sua vinda alegra-nos muito.
quando a dependente é o REALIZADOR, ela pode sair "da frente", devendo seu lugar ser ocupado por "**es**": *(ver p. 53)*	**Es freut uns sehr, <u>dass er kommt</u>.** Alegra-nos muito que ele venha.
substitui ☐ : ←—*que tipo de pessoas?*	**ich mag gern Leute, <u>die tolerant sind</u>.** Gosto muito de pessoas que são tolerantes.
☐ :	**ich mag gern <u>tolerante</u> Leute.** Gosto muito de pessoas tolerantes.

- Não aparecem necessariamente na ordem Independente + Dependente, podendo ser invertidas. Neste caso as dependentes ocupam a posição 1 dentro da frase toda; isso significa que são seguidas do verbo da independente.

Posição		
1	2	demais elementos
<u>Während die Sitzung stattfindet,</u>	werden	die Gespräche aufgenommen.
<u>Weil das Klima feucht ist,</u>	ist	er oft erkältet.
<u>Dass er kommt,</u>	hat	er mir nicht mitgeteilt

Obs.: As que substituem características geralmente não ficam em posição inicial.

Enquanto a reunião acontece são gravadas as conversas./ Como o clima é úmido ele se gripa com frequência./ Que ele vem, (isso) ele não me comunicou.

> 🕮 De um modo geral, as dependentes que estão no passado são preferencialmente empregadas no passado simples, uma vez que os dois elementos do passado composto as tornariam pesadas demais.

14b1) Conectores de orações dependentes

Tempo ←	Significado	Exemplo
Als	"quando, no(a) momento/época em que" (não se aplica ao futuro)	**Als ich nach Haus kam, war das Essen schon fertig.** Quando eu cheguei em casa a comida já estava pronta. **Als er nach Haus kommt, findet er seinen Schlüssel nicht.** Quando ele chega em casa não encontra sua chave. (Presente histórico: usa-se a forma do presente para tornar um relato mais vivo)
bevor	"antes que"	**Bevor ich reagieren konnte, ist der Unfall passiert.** Antes que eu pudesse reagir aconteceu o acidente.
bis	"até que"	**Du bleibst hier so lange sitzen, bis ich wieder komme.** Você vai ficar sentado aqui até eu voltar.
nachdem	"depois que"	**Nachdem wir eingeschlafen waren, hat es geklingelt.** Depois que pegamos no sono tocou a campainha.
seitdem (seit)	"desde que"	**Seitdem er geheiratet hat, trifft er seine Freunde nicht mehr.** Desde que ele se casou não se encontra mais com seus amigos.
während	"enquanto (que)"	**Während du fernsiehst, mache ich schnell das Essen fertig.** Enquanto você assiste à TV, eu preparo rapidamente a comida.
wenn	"quando"; "cada vez que (ações repetidas; uso no passado, presente e futuro)"; pode ser precedido por **immer**	**[Immer] wenn er in Paris war, besuchte er den Louvre.** (relato de uma ação ocorrida, que se repetiu) Sempre que ele ia a (estava em) Paris visitava o Louvre. **[Immer] wenn er in Paris ist, besucht er den Louvre.** (relato de um hábito) Sempre que ele vai a (está em) Paris visita o Louvre. **[Immer] wenn er in Paris sein wird, wird er den Louvre besuchen.** (prognóstico ou plano; raro) Sempre que ele for a (vai estar em) Paris vai visitar o Louvre.
wann	"quando...?" ; "quando..."	**Wann kommt er?** (pergunta direta) Quando é que ele vem? **Ich weiß nicht, wann er kommt.** (pergunta indireta) Eu não sei quando ele vem.

🎯 O **nachdem** sempre exige um tempo anterior ao da oração de que depende. **Nachdem er die e-mail geschickt hatte, wartete er drei Tage auf die Antwort.** (1º PASSADO DO PASSADO, 2º PASSADO SIMPLES) Depois que ele enviou e-mail esperou três dias pela resposta. **Nachdem sie ihn getroffen hat, interessiert sie sich nur für ihn.** (1º PASSADO COMPOSTO, 2º PRESENTE) Depois que ela o encontrou só se interessa por ele.

🎯 Para expressar finalidade com orações dependentes, usa-se o conector **damit**. Por exemplo, **ich koche die Bohnen drei Stunden, damit sie weich werden.** Eu cozinho o feijão durante três horas para que cozinhe bem (fique macio). Ou **Sie legt sich jeden Tag in die Sonne, damit ihre Haut schön braun wird.** Ela toma banho de sol todos os dias para bronzear-se bem. **Er joggt jeden Tag, damit er fit bleibt.** Ele faz jogging todos os dias para permanecer em forma. Neste último exemplo, como o sujeito é o mesmo nas duas orações, é preferível usar outra estrutura na oração dependente: **Er joggt, um fit zu bleiben.** Outros exemplos são **Ich esse Gemüse, um meine Gesundheit zu erhalten.** Eu como verdura para conservar minha saúde. Ou ainda **Die Pflanzen brauchen Sonnenlicht, um Sauerstoff produzieren zu können.** As plantas precisam da luz do sol para poderem produzir oxigênio. O REALIZADOR, por ser o mesmo, não é mencionado uma segunda vez na dependente. Já que ele não é nomeado, o verbo fica sem ser conjugado e o **zu** é a palavra de que o infinitivo necessita para encaixar-se na oração. (Exceção quando segue os verbos ajudantes.) O **um** faz o papel de conector nesses casos e pode ser equacionado à expressão "com a intenção de".

14b2) Orações dependentes que são REALIZADORES, PARTICIPANTES ou cenários – o uso de **zu**

oração-REALIZADOR   Esta oração normalmente aparece primeiro.
Zuerst ja und dann nein zu sagen, hat keinen Zweck. Primeiro dizer que sim e então que não adianta nada. **Was hat keinen Zweck? Ja und dann nein zu sagen** = REALIZADOR como uma oração-REALIZADOR é uma informação em princípio muito longa, frequentemente coloca-se o pronome **es** no lugar dela e ela passa para o fim da frase: **Es hat keinen Zweck, zuerst ja und dann nein zu sagen.**
oração-PARTICIPANTE
O Gott! ich habe vergessen, den Herd auszumachen. Meu Deus! Esqueci de desligar o fogão. **Was habe ich vergessen? Den Herd auszumachen.**   **Er hat ihr versprochen, sie abzuholen.** Ele prometeu buscá-la. **Was hat er ihr versprochen? sie abzuholen.**
oração ☐
Das Kind hat Angst, im Dunkeln einzuschlafen. A criança tem medo de dormir no escuro. Detalhamento de **Angst: im Dunkeln einzuschlafen**.   **Uns bietet sich die Gelegenheit, für drei Jahre ins Ausland zu gehen.** Temos a oportunidade de ir para o estrangeiro por três anos. Detalhamento de **Gelegenheit: für drei Jahre ins Ausland zu gehen**.

🚲 orações ⟶, GC-14c

14b3) Irreais

14b3a) Condicionais

- Descrevem hipóteses e suposições.
- São construídas com **wenn**.
- O ◯ está no **KII**.

🔖 **KII, GC-12**

---
condicionais (dependentes) wenn (o KII aparece nas duas orações)
Wenn er jetzt käme, könnten wir zusammen zu Abend essen. Se ele viesse agora, poderíamos jantar juntos.
Wenn er rechtzeitig gekommen wäre, hätten wir sofort angefangen. Se ele tivesse chegado a tempo, teríamos começado imediatamente.

🔖 Condicionais reais também usam o **wenn**. Por exemplo, **Wenn der Bus jetzt nicht kommt, fängt die Sitzung ohne mich an.** Se o ônibus não vier agora, a reunião começa sem mim. O modo do ◯ é o indicativo. (Não existe em alemão uma forma específica correspondente ao português "vier".)

🔖 Para todas as condicionais dependentes, existe a possibilidade de suprimir o **wenn** e colocar em seu lugar o verbo conjugado. Por exemplo, **Wäre er rechtzeitig gekommen, hätten wir sofort angefangen.** Essa construção, contudo, é mais elaborada, portanto mais rara.

14b3b) Comparativas

- São construídas com ◀—— **als ob**.

Er tut so, als ob er viel Geld hätte. Ele se comporta <u>como se</u> tivesse muito dinheiro.
Sie lächelt, als ob sie ein Engel wäre. Ela sorri como se fosse um anjo.
Er aß, als ob er drei Wochen nichts gegessen hätte. Ele comeu como se tivesse ficado três semanas sem comer.

14b3c) Expressão de desejo (difícil de ser realizado)

- São construídas com ◀—— **wenn** ou com o próprio ◯:

Wenn er doch schon hier wäre. ou **Wäre er doch schon hier.** Ah, se ele estivesse aqui.
Wenn ich das doch nicht gemacht hätte. Ou **Hätte ich das doch nicht gemacht.** Ah, se eu não tivesse feito isso.

14c) Orações dependentes com pronomes que servem como conectores

- Palavras que introduzem orações que representam ☐▷.

14c1) ←— = nom

Orações-☐▷ com conector no nom

pronome conector	exemplo	estrutura
die	**Die Bourgogne ist eine Gegend, die mir sehr gut gefällt.** A Borgonha é uma região que me agrada muito.	nom + sein + nom, ←— (nom) + dat + △ + ◯.
der	**Das Quartier Latin ist ein Bezirk, der sehr bekannt ist.** O Quartier Latin é um bairro que é muito conhecido.	nom + sein + nom, ←— (nom) + △ + ◯ + ◯ (sein)
das	**Frankreich ist ein Land, das viele Touristen anzieht.** A França é um país que atrai muitos turistas.	nom + sein + nom, ←— (nom) + acu + ◯
die	**Bordeaux und Nizza sind Städte, die in Südfrankreich liegen.** Bordéus e Nice são cidades que ficam no sul da França.	nom + sein + nom, ←— (nom) + △ + ◯

14c2) ←— = acu

Orações-☐▷ com conector no acu

pronome conector	exemplo	estrutura
die	**Die Bourgogne ist eine Gegend, die ich gern besuche.** A Borgonha é uma região que eu gosto de visitar.	nom + sein + nom, ←— (acu)...
den	**Das Quartier Latin ist ein Bezirk, den ich gern besuche.** ...	nom + sein + nom, ←— (acu)...
das	**Frankreich ist ein Land, das ich gern besuche.** ...	nom + sein + nom, ←— (acu)...
die	**Bordeaux und Nizza sind Städte, die ich gern besuche.** ...	nom + sein + nom, ←— (acu)...

14c3) ←—— = |dat|

Orações ⬜▷ com conector no |dat|

pronome conector	exemplo	estrutura
der	**Die Bourgogne ist eine Gegend, in der es guten Wein gibt.** A Borgonha é uma região na qual há bons vinhos.	|nom| + sein + |nom|, ◇ ←—— (|dat|)...
dem	**Das Quartier Latin ist ein Bezirk, in dem es viele gute Theater gibt.** O Q.L. é um bairro no qual há muitos bons teatros.	|nom| + sein + |nom|, ◇ ←—— (|dat|)...
dem	**Frankreich ist ein Land, in dem es viel zu sehen gibt.** A França é um país, no qual há muito para ver.	|nom| + sein + |nom|, ◇ ←—— (|dat|)...
denen	**Bordeaux und Nizza sind Städte, in denen man gut Ferien machen kann.** B. e N. são cidades nas quais é bom tirar férias.	|nom| + sein + |nom|, ◇ ←—— (|dat|)...

14c4) ←—— = |gen|

Orações ⬜▷ com conector no |gen|

pronome conector	exemplo	estrutura
deren	**Die Bourgogne ist eine Gegend, deren Weinsorten bekannt sind.** A B. é uma região cujas qualidades de vinho são conhecidas.	|nom| + sein + |nom|, ←—— (|gen|)
dessen	**Das Quartier Latin ist ein Bezirk, dessen Restaurants klein und gemütlich sind.** O Q.L. é um bairro cujos restaurantes são pequenos e confortáveis.	|nom| + sein + |nom|, ←—— (|gen|)
dessen	**Frankreich ist ein Land, dessen Kultur viele Länder beeinflusst hat.** A F. é um país cuja cultura influenciou muitos países.	|nom| + sein + |nom|, ←—— (|gen|)
deren	**Bordeaux und Nizza sind Städte, deren Flohmärkte immer viele Besucher haben.** B. e N. são cidades cujas feiras de antiguidades sempre têm muitos visitantes.	|nom| + sein + |nom|, ←—— (|gen|)

🕸 O caso do conector depende e s t r i t a m e n t e do padrão de ⬭ da oração em que ele está, ou seja, ⬭ da oração dependente.

15

Complementação de ⬯

- O ⬯, por sua natureza, é o coração da oração. Traz consigo o projeto da estrutura da oração.
- A princípio, cada ⬯ pertence a um padrão, porém em alguns é possível que transitem para outros padrões, conforme o contexto em que são utilizados.
- Exemplo de **schreiben** com mais de um padrão:

Ich schreibe. Eu estou escrevendo.
Ich schreibe eine E-mail. Eu estou escrevendo um e-mail.
Ich schreibe eine E-mail an meinen Verleger. Eu vou escrever um e-mail para o meu editor.

15a) Complementação com casos

• Padrões estruturais de ⊙. Genericamente, são eles:

A
[nom] + ⊙

B
[nom] + ⊙ + [nom]

C
[nom] + ⊙ + [acu]

D
[nom] + ⊙ + [dat]

E
[nom] + ⊙ + [gen]

F [nom] + ⊙ + (para a ordem em que aparecem, E2-A5)	[dat] + [acu]
	[acu] + [dat]
G [nom] + ⊙ + ◇ +	[acu]
	[dat]

🦋 São possíveis combinações entre padrões sem ◇ (B,C,D e E) com G. Por exemplo, **Ich danke dir.** Eu te agradeço. (padrão D) **Ich danke dir für die CD.** Eu te agradeço pelo CD. (padrão D + ◇ + [acu]).

🦋 Todos os padrões podem vir acompanhados de △.

15a1) Padrões sem ◇

A) [nom] + ⊙
Ich schlafe. Estou dormindo.
Sie weint. Ela está chorando.
Er kommt mit. Ele vem junto.

B) [nom] + ⊙ + [nom]
Er bleibt mein bester Freund. Ele continua (sendo) meu melhor amigo.
Er wird Arzt. Ele estuda medicina. (Ele se tornará médico.)
Wir sind gute Bekannte. Nós nos conhecemos bem.

C) [nom] + ⊙ + [acu]
Er bestellt ein Bier. Ele pede uma cerveja.
Sie liest die Zeitung. Ela está lendo o jornal.
Ihr braucht einen neuen Wagen! Vocês estão precisando de um carro novo!

🞄 Este padrão equivale ao de ⭕ com participante "direto" em português. A estrutura existe nas duas línguas, mas não há necessariamente equivalência entre ⭕ em uma e outra língua: alguns ⭕ em alemão que têm participante direto exigem ◇ em português:

fragen + acu = perguntar para/a
anrufen + acu = ligar/telefonar para
Com essa roupa o participante é ou o produto da ação ou se submete à ação.

D) nom + ⭕ + dat
Der neue Film von Wim Wenders gefällt uns sehr. Nós gostamos muito do novo filme de Wim Wenders. **Zu fettes Essen schadet der Gesundheit.** Comida gordurosa demais prejudica a saúde.

🞄 Neste padrão o participante usa uma "roupa" diferente do participante "direto".
Com essa roupa o participante geralmente beneficia-se da ação.

E) nom + ⭕ + gen
Dieser Absatz bedarf einer Überarbeitung. Este parágrafo está precisando ser refeito. **Die portugiesischen Kolonisatoren bemächtigten sich der Ländereien der Indianer.** Os colonizadores portugueses apoderaram-se das terras dos índios.

F1) nom + ⭕ + dat + acu

Die Mutter zeigt den Kindern das Fotoalbum. A mãe mostra às crianças o álbum de fotografias.
Die Mutter zeigt ihnen das Fotoalbum. A mãe mostra-lhes o álbum de fotografias.

F2) nom + ⭕ + acu + dat

Die Mutter zeigt es den Kindern. A mãe mostra-o às crianças.
Die Mutter zeigt es ihnen. A mãe mostra-o a elas.

🞄 Quando acu é pronome pessoal definido (☞ E2-A5), ele vem antes do dat.

🞄 Os dicionários assinalam os padrões estruturais de ⭕.

15a2) Padrões com ◯ + ☐

- Alguns ◯ precisam de uma determinada ◇ para poderem ter um PARTICIPANTE.
- ◯ + ◇
- Alguns poucos ◯ podem usar mais do que uma ◇, conforme a ◇, o significado muda.

Exemplo de ◯ mais diferentes ◇, alterando seu significado

	auf	"insistir em" **Er besteht auf einer Provision von 10%.** Ele insiste em uma comissão de 10%.
bestehen	aus	"ser composto de" **Das Theaterstück besteht aus 2 Akten.** A peça de teatro é composta de dois atos.
	in	"consistir em" **Die Aufgabe besteht in der Korrektur der Originale.** A tarefa consiste na correção dos originais.

15a2a) Lista de ◯: padrão ◇ + acu

nom + ◯ + ◇ + acu

achten auf (reparar em)	**appellieren an** (apelar para)
Vorsicht! Du mußt auf die Kurven achten! Cuidado! Você deve ter cuidado com as curvas.	Ich appelliere an deine Großzügigkeit. Apelo para sua generosidade.
debattieren über (debater sobre)	**denken an** (pensar em)
Im Plenum wird über neue Strategien debattiert. No plenário debate-se sobre novas estratégias.	Wir denken an unseren nächsten Test. Estamos pensando em nosso próximo teste. **eintreten für** sustentar a causa de
diskutieren über (discutir sobre)	**eintreten für** (defender [uma causa])
Auf der Sitzung wurde viel über die finanzielle Lage des Konzerns diskutiert. Na reunião discutiu-se muito sobre a situação financeira do grupo.	Ich trete dafür ein, dass alle Menschen Recht auf Erziehung haben. Eu sou a favor e defendo que todos tenham direito a educação.
gelten für (valer para)	**glauben an** (acreditar em; ter confiança)
Die Eintrittskarte gilt für heute Abend. A entrada vale para hoje à noite.	Die Velhinha de Taubaté glaubt an die Regierung. A Velhinha de Taubaté acredita no governo.
hoffen auf (esperar por; ter esperança)	**hören auf** (escutar; aceitar conselho ou ordem)
Die Olympiamannschaft hofft auf viele Medaillen. A equipe olímpica espera obter muitas medalhas.	Ich habe ihm einen guten Rat gegeben, aber er hat nicht auf mich gehört. Eu dei a ele um bom conselho, mas ele não quis me escutar.

nom + ○ + ◇ + acu

kämpfen um (lutar por)	**klagen über** (reclamar de)
Bei dem Marathonlauf kämpften drei Läufer um den ersten Platz. Na maratona, três corredores lutaram pelo primeiro lugar.	Sie klagt immer über Migräne. Ela sempre reclama de enxaqueca.
krank werden durch ("adoecer por")	**lachen über** (rir de)
Durch das viele Arbeiten wird sie allmählich krank. De tanto trabalhar ela está ficando doente.	Die Kinder lachen über den Zirkusclown. As crianças riem do palhaço.
nachdenken über (refletir sobre)	**protestieren gegen** (protestar contra)
Über dieses Angebot möchte ich noch einmal nachdenken. Gostaria de pensar um pouco mais sobre esta oferta.	Die Studenten haben gegen den Mangel an Geldern für die Universität protestiert. Os estudantes protestaram contra a falta de verbas para a universidade.
reagieren auf (reagir a)	**schimpfen über** (xingar; reclamar)
Warum reagierst du so sauer auf meine Frage? Por que você reage tão mal à minha pergunta?	Die Angestellten schimpfen über die schlechten Arbeitsbedingungen. Os funcionários reclamam das más condições de trabalho.
schreiben an (escrever para)	**sein für** (ser a favor)
Er schreibt jeden Tag an seine Freundin. Ele escreve todos os dias para sua namorada.	Ich bin für freie Wahlen. Eu sou a favor de eleições livres.
sorgen für (cuidar de; assumir os cuidados para)	**sprechen für** (depor em favor de)
Solange ich verreist bin, sorgen meine Nachbarn für den Garten. Enquanto eu estiver viajando meus vizinhos cuidam do jardim.	Dieses Verhalten spricht für große Toleranz. Esse comportamento revela grande tolerância.
streiten um (brigar por)	**sich verlassen auf** (confiar em; saber que não será "deixado na mão")
Die Kinder streiten um das Spielzeug. As crianças estão brigando pelo brinquedo.	Sie schreibt nie etwas auf. Sie verlässt sich auf ihr gutes Gedächtnis. Ela nunca anota nada. Ela confia sempre na sua boa memória.
verstoßen gegen (infringir)	**verzichten auf** (renunciar a)
Er hat mit dieser Antwort gegen alle Regeln der Höflichkeit verstoßen. Com essa resposta ele infringiu todas as regras da boa educação.	Ein Mönch muß auf irdische Genüsse verzichten. Um monge tem de renunciar a prazeres terrenos.
warten auf (esperar por)	
Er wartet auf seine Beförderung. Ele está esperando sua promoção.	

15a2b) Lista de ⚪: padrão ◇ + [dat]

[nom] + ⚪ + ◇ + [dat]

hängen an (ter afeição por; ser ligado a)	**bestehen auf** (insistir em)
Er hängt sehr an seinem Haus. Ele é muito ligado a sua casa.	Sie möchte nicht heiraten, aber er besteht auf einer Heirat. Ela não gostaria de casar, mas ele insiste (no casamento).
bestehen in (consistir em)	**bestehen aus** (compor-se de)
Seine Arbeit besteht im Entwerfen von Verkaufsstrategien. O trabalho dele consiste na elaboração de estratégias de vendas.	Der Roman besteht aus drei Bänden. O romance compõe-se de três volumes.
unterscheiden zwischen (distinguir entre)	**sich fürchten vor** (ter medo de)
Er kann nicht zwischen Gut und Böse unterscheiden. Ele não sabe distinguir entre o bem e o mal.	Sie fürchten sich vor Einbrechern. Eles têm medo de arrombadores.
sprechen zu (falar a)	**sprechen mit** (falar com)
Der Redner sprach zu einem vollbesetztem Auditorium. O palestrante falou a um auditório lotado.	Ich möchte mit dem Chef sprechen. Gostaria de falar com o chefe.
sprechen von (falar em)	**sterben an** (morrer de)
Wie gut, dass du kommst. Wir haben gerade von dir gesprochen. Que bom que você veio. Acabamos de falar em você.	Früher starben viele Leute an Tuberkulose. Antigamente muitas pessoas morriam de tuberculose.
aufhören mit (parar com)	**suchen nach** (procurar por)
Hört endlich mit dem Lärm auf! Parem com esse barulho de uma vez!	Er suchte verzweifelt nach einem Ausweg. Ele procurou desesperadamente por uma saída.
erzählen von (contar sobre)	**abhängen von** (depender de)
Der Großvater erzählte von seiner Jugendzeit. O avô contava sobre sua juventude.	Der Ausflug hängt vom Wetter ab. O passeio depende do tempo.
anfangen mit (começar com)	**arbeiten an** (trabalhar em)
Wir fangen um 8 Uhr mit dem Unterricht an. Nós começaremos a aula às oito horas.	Der Schriftsteller arbeitet an seinem neuen Roman. O escritor está trabalhando em seu novo romance.
beruhen auf (basear-se em)	**beginnen mit** (começar com)
Die Verurteilung beruht auf Indizienbeweisen. O julgamento baseia-se em provas circunstanciais.	Laß uns schon mit dem Kaffeetrinken beginnen! Vamos começar a tomar café!

[nom] + ○ + ◇ + [dat]

dienen zu (servir a)	**erschrecken vor** (assustar-se diante de)
Wozu dient dieser Apparat? Para que serve este aparelho?	Sie erschrak zutiefst vor dem Maskierten. Ela assustou-se muito com o mascarado.
experimentieren mit (fazer experimentos com)	**fahnden nach** (buscar por)
Seit kurzem experimentieren auch die Pharmakonzerne mit indianischen Heilkräutern. Agora também os laboratórios farmacêuticos vêm fazendo experimentos com as ervas medicinais indígenas.	Der Detektiv fahndet nach dem Verbrecher. O detetive está atrás do criminoso.
fliehen vor (fugir de)	**folgen aus** (resultar de; "conclusão de um raciocínio")
Die Vögel fliehen vor der Luftverschmutzung. Os pássaros fogem da poluição do ar.	Aus seinen Worten folgt, dass es ihm sehr gut geht. Pelas palavras dele conclui-se que ele está muito bem.
fragen nach (perguntar por)	**gehören zu** (pertencer a)
Die Touristen fragen nach dem Weg zum Museum. Os turistas estão perguntando como chegar ao museu.	Unsere Erde gehört zum Sonnensystem. Nossa Terra pertence ao Sistema Solar.
handeln von (tratar de) (conteúdo)	**leiden an** (sofrer de)
Wovon handelt dieses Buch? De que trata este livro?	Meine Großmutter leidet an Rheuma. Minha avó sofre de reumatismo.
leiden unter (sofrer com)	**passen zu** (combinar com)
Brasilianer leiden in Europa oft unter der Kälte. Os brasileiros frequentemente sofrem com o frio na Europa.	Dieser Hut passt gut zu deinen blauen Augen. Este chapéu combina bem com seus olhos azuis.
rechnen mit (contar com) (previsão)	**sich entschuldigen bei** (desculpar-se com)
Wir rechnen mit einem langen, heißen Sommer. Estamos contando com um verão longo e quente.	Du solltest dich bei deinen Vorgesetzten entschuldigen. Você deveria desculpar-se aos seus superiores.
streiten mit (brigar com)	**träumen von** (sonhar com)
Frau Müller streitet viel mit dem Nachbarn. A Sra. Müller briga muito com o vizinho.	Das junge Paar träumt von einem glücklichen Leben zu zweit. O jovem casal sonha com uma vida feliz a dois.
verlangen nach (pedir por)	**wissen von** (saber sobre)
Bei dieser Hitze verlangen die Kinder den ganzen Tag nach Sprudel. Neste calor as crianças pedem por refresco o dia todo.	Sie weiß nichts von den Geschäften ihres Mannes. Ela nada sabe sobre os negócios de seu marido.
zweifeln an (duvidar de)	
Du solltest nicht an seiner Ehrlichkeit zweifeln. Você não deveria duvidar da honestidade dele.	

🕸 Assim como ◯ tem sua complementação iniciada por ◇, muitos ☐ e ⬜︎ também comportam-se assim; por ex.: **Angst vor: Das Kind hat Angst vor dem großen Hund.** A criança tem medo de cachorro grande. **Eifersüchtig auf: Er ist eifersüchtig auf seine junge Frau.** Ele tem ciúme da sua jovem esposa.
Atenção: ◇ não são equivalentes (português: sonho com = alemão: **Traum von**; e não *Traum mit* etc.).

16

Substituição de □ após ◇ por oração

16a1) Os □ são "coisas"

◇ + □	substituição do □ por da(r)-	o que é substituído
Wir denken <u>an unseren nächsten Test.</u> Estamos pensando em nosso próximo teste.	Wir denken <u>daran</u>.	acu
Er hängt sehr <u>an seinem Haus.</u> Ele é muito ligado à sua casa.	Er hängt sehr <u>daran</u>.	dat
Er wartet <u>auf seine Beförderung.</u> Ele espera sua promoção.	Er wartet <u>darauf</u>.	acu
Sie möchte nicht heiraten, aber er besteht <u>auf einer Heirat.</u> Ela não quer casar, mas ele insiste no casamento.	Sie möchte nicht heiraten, aber er besteht <u>darauf</u>.	dat
Meine Nachbarn sorgen <u>für den Garten.</u> Meus vizinhos cuidam do jardim.	Die Nachbarn sorgen <u>dafür</u>.	acu
Hört endlich <u>mit dem Lärm</u> auf! Parem de uma vez com o barulho!	Hört endlich <u>damit</u> auf!	dat
Auf der Sitzung wurde viel <u>über die finanzielle Lage des Konzerns</u> diskutiert. Na reunião discutiu-se muito sobre a situação financeira da empresa.	Auf der Sitzung wurde viel <u>darüber</u> diskutiert.	acu

🕮 **da-**, em **da(r) - + ◇**, substitui qualquer objeto, independente de caso e de gênero; **da(r)-** é usado para substituir coisas (não pessoas).

16a2) Os ☐ são "pessoas"

🕮 Pronomes, GC-8

◇ + ☐	substituição do ☐ por **da(r)-**	o que é substituído
Wir denken <u>an unsere Verwandten</u>.	Wir denken <u>an sie</u>.	acu
Er hängt sehr <u>an seinen Kindern</u>.	Er hängt sehr <u>an ihnen</u>.	dat
Er wartet <u>auf seine Freundin</u>.	Er wartet <u>auf sie</u>.	acu
Die Eltern sorgen <u>für ihre Kinder</u>.	Die Eltern sorgen <u>für sie</u>.	acu
Sie spricht <u>mit der Nachbarin</u>.	Sie spricht <u>mit ihr</u>.	dat
Sie reden immer <u>über den Gärtner</u>.	Sie reden immer <u>über ihn</u>.	acu

16b1) Perguntas pelo ☐ após ◇ quando é uma "coisa"

◇ + ☐	substituição do ☐ por **wo(r)-** em estrutura de pergunta
Wir denken <u>an unseren nächsten Test</u>.	<u>Woran</u> denken wir?
Er hängt sehr <u>an seinem Haus</u>.	<u>Woran</u> hängt er sehr?
Er wartet <u>auf seine Beförderung</u>.	<u>Worauf</u> wartet er?
Sie möchte nicht heiraten, aber er besteht <u>auf einer Heirat</u>.	<u>Worauf</u> besteht er?
Meine Nachbarn sorgen <u>für den Garten</u>.	<u>Wofür</u> sorgen die Nacbarn?
Hört endlich <u>mit dem Lärm</u> auf!	<u>Womit</u> sollen wir aufhören?
Auf der Sitzung wurde viel <u>über die finanzielle Lage des Konzerns</u> diskutiert.	<u>Worüber</u> wurde auf der Sitzung diskutiert?

16b2) Perguntas pelo ☐ após ◇ quando se trata de pessoa(s)

🕮 Pronomes, GC-8

◇ + ☐	substituição do ☐ pela palavra "quem" "vestida" com a roupa do caso que o ⬭ exige
Wir denken <u>an unsere Verwandten</u>.	An wen denken wir?
Er hängt sehr <u>an seinen Kindern</u>.	An wem hängt er sehr?
Er wartet <u>auf seine Freundin</u>.	Auf wen wartet er?
Die Eltern sorgen <u>für ihre Kinder</u>.	Für wen sorgen die Eltern?

	substituição do □ pela palavra "quem" "vestida" com a roupa do caso que o ○ exige
◇ + □	
Sie spricht <u>mit der Nachbarin</u>.	<u>Mit wem</u> spricht sie?
Sie reden immer <u>über den Gärtner</u>.	<u>über wen</u> reden sie immer?

16c) Orações que funcionam como □ após ○ com ◇

16c1) Orações iniciadas com **dass**

☙ Os exemplos abaixo evoluem dos utilizados na tabela GC-16b1

duas frases	informação a que da(r)- corresponde	uma frase, duas orações da(r)- ◇, dass (par de palavras ou "dobradiça" que faz a conexão)
Wir schreiben nächste Woche einen Test. Wir denken daran.	daran= "nächste Woche einen Test schreiben"	Wir denken daran, dass wir nächste Woche einen Test schreiben.
Nós faremos um teste semana que vem. Estamos pensando nisso.		
Er wird befördert. Er wartet darauf.	darauf= "befördert werden"	Er wartet darauf, dass er befördert. wird.
Ele vai ser promovido. Ele espera por isso.		
Die Universität hat keine Gelder. Die Studenten protestieren dagegen.	dagegen= "keine Gelder haben"	Die Studenten protestieren dagegen, dass die Universität keine Gelder hat.
A universidade não tem verbas. Os estudantes protestam contra isso.		
Sie arbeitet zu viel. Dadurch wird sie allmählich krank.	dadurch = "zu viel arbeiten"	Dadurch, dass sie zu viel arbeitet, wird sie allmählich krank.
Ela trabalha demais. Por isso adoece aos poucos		
Er entwirft Verkaufsstrategien. Darin besteht seine Arbeit.	darin = "Verkaufsstrategien entwerfen"	Seine Arbeit besteht darin, dass er Verkaufsstrategien entwirft.
Ele planeja estratégias de vendas. Nisso consiste seu trabalho.		

16c2) Orações infinitivas que funcionam como ☐ após ◯ com ◇, com "zu" antes do infinitivo

- O segundo elemento da "dobradiça" da conexão pode ser **zu**, quando as duas orações tiverem o mesmo sujeito:

duas frases	o que o sujeito faz	duas orações com o mesmo sujeito
Er wird befördert. Er wartet darauf.	"befördert werden" e "darauf warten"	Er wartet darauf, befördert zu werden.
Alle drei Läufer wollen auf den ersten Platz kommen. Sie kämpfen darum.	"auf den ersten Platz kommen" e "darum kämpfen"	Alle drei Läufer kämpfen darum, auf den ersten Platz zu kommen.

> 🌿 Com **zu** o ◯ está sempre no infinitivo!

16c3) Outras formas de introduzir oração que substitui ☐ após ◇
- Para o segundo elemento da "dobradiça" há outras possibilidades:

	oração independente	oração dependente, com informação de
Auf der Sitzung wird über die finanzielle Lage des Konzerns diskutiert.	Auf der Sitzung wird darüber diskutiert,	*dúvida*: ob die finanzielle Lage des Konzerns sich bessern kann.
		tempo: wann die finanzielle Lage des Konzerns sich bessern kann.
		maneira: wie die finanzielle Lage des Konzerns sich bessern kann.
		meio: wodurch/auf welche weise die finanzielle Lage des Konzerns sich bessern kann.
		pessoa: wer die finanzielle Lage des Konzerns verbessern kann.

Obs.: com esse e/ou outros exemplos há outras possibilidades: *duração* (**wie lange**), *distância* (**wie weit**) etc.

> 🌿 Todas as incertezas podem ser assim abordadas.

17

Graus de intensidade de ▭▷

- ▭▷ têm três graus de intensidade: básica, comparada entre duas e superadora das demais:
- A intensidade comparada caracteriza-se pelo final **–er**; e as monossilábicas pelo acréscimo do "(Umlaut) em "a" e "o" (**groß** ⇒ **größer, alt** ⇒ **älter** etc.). (comparativo)
- A intensidade superadora caracteriza-se pelo acréscimo de **–st** antes da terminação; o "(Umlaut) aparece nos mesmos casos da intensidade comparada. (superlativo)

∞ Declinação de ▭▷, GC-7d

- Exemplo, com **klein, groß, alt** e **gut**

Quando a ▭▷ acompanha o ◯, ela permanece invariável (não declinada).

Intensidade básica de **klein**	Comparada com **klein** (als...)	**klein** superadora das demais (von allen):
Land A ist klein.	Land B ist kleiner (als Land A).	Land C ist am kleinsten (von allen).
Person A ist groß.	Person B ist größer (als Person A).	Person C ist am größten (von allen).
Wein A ist alt.	Wein B ist älter (als Wein A).	Wein C ist am ältesten (von allen).
Sänger A singt gut.	Sänger B singt besser (als Sänger A).	Sänger C singt am besten (von allen).

Quando acompanha ☐, ☐▷ se comporta como qualquer ☐▷ na mesma posição:

Land A: das kleine Land ein kleines Land	Land B: das kleinere Land ein kleineres Land	Land C: das kleinste Land *
Person A: die große Person eine große Person	Person A: die größere Person eine größere Person	Person C: die größte Person *
Wein A: der alte Wein ein alter Wein	Wein B: der ältere Wein ein älterer Wein	Wein C: der älteste Wein *
Sänger A: der gute Sänger ein guter Sänger	Sänger B: der bessere Sänger ein besserer Sänger	Sänger C: der beste Sänger *

*A forma que supera as demais não existe acompanhada pelo **ein** (porque o "mais" é sempre algo definido)

17a) Formas irregulares de ☐▷

• Alguns ☐▷ têm formas irregulares.

gut	besser	am besten
viel	mehr	am meisten
gern	lieber	am liebsten
hoch	höher	am höchsten
teuer	teurer	am teuersten
dunkel	dunkler	am dunkelsten

🕸 Quando duas ações são proporcionais (quanto mais/menos intensa uma, tanto mais/menos intensa a outra) uma a outra, usa-se ⇌ **je..., desto/umso...** A oração com **je** é dependente (◯ no fim), a oração que inicia com **desto** é independente mas sempre sofre uma inversão (🕸 E1-A2):
Je mehr man isst, desto dicker wird man. Quanto mais se come, mais gordo se fica.
Uso de **man**, E3-Ec
Je dicker man wird, umso mehr Depressionen hat man. Quanto mais gordo se fica, mais deprimido se fica.

18

Negação

- Há duas formas de negar:

a) negar ◯
b) negar ▢

18a) Negação de ◯

- Feita com o △ **nicht**. Essa forma de negar refere-se à frase inteira. Ao contrário de português, **nicht** costuma seguir ◯ conjugado:

◯ + nicht

Er arbeitet nicht. Ele não trabalha.
Sie kann nicht tanzen. Ela não sabe dançar.
Er hat nicht geantwortet. Ele não respondeu.

- Quando acu precedido de marcador definido aparece após ◯, **nicht** transfere-se para depois de acu.

◯ + [acu] + nicht

Ich kaufe das Buch nicht. Não vou comprar o livro.
Sie möchte den Kuchen nicht essen. Ela não quer comer o bolo.
Er hat den Brief nicht geschrieben. Ele não respondeu à carta.

- De um modo geral, o padrão ◇ + ☐ é precedido de **nicht**.

Er hat sich letztes Jahr nicht für den Deutschkurs eingeschrieben. Ele ano passado não se inscreveu no curso de alemão.

- Em princípio, **nicht** pode preceder qualquer elemento da frase. Nesse caso, será uma negacão parcial.

Nicht er hat sich eingeschrieben (sondern sein Vater). Não foi ele que se inscreveu, mas seu pai.
Nicht letztes Jahr (sondern dieses). Não ano passado, mas este.

18b) Negar ☐ é feito com marcador **kein**

Ich habe keine Zeit. Não tenho tempo.
Er schenkt ihr keine Blumen. Ele não dá flores para ela.
Sie sagen, sie brauchen keine Hilfe. Eles dizem que não precisam de ajuda.

🕸 Para enfatizar a negação pode-se usar **gar** ou **überhaupt**, precedendo-a: **Es ist heute gar nicht warm./Es ist heute überhaupt nicht warm.** Hoje não está nem um pouquinho quente. **Ich habe gar keine Zeit./Ich habe überhaupt keine Zeit.** Realmente não tenho tempo nenhum.

II
Erros de estrutura

A

Erros de macroestrutura (construção da frase) (E1)

A1 Omissão do REALIZADOR

Alemão		Português
a) ☹ (em orações dependentes)	☺	
Herr Müller geht heute nicht ins Büro, weil krank ist.	**Herr Müller geht heute nicht ins Büro, weil [er] krank ist.**	O Sr. Müller não vai ao escritório hoje porque está doente.

Alemão		Português
b) ☹ (em orações independentes)	☺	
Ist wichtig, gut informiert zu sein.	[Es] ist wichtig, gut informiert zu sein.	É importante estar bem-informado.
Macht Spaß, im Sommer ans Meer zu fahren.	[Es] macht Spaß, im Sommer ans Meer zu fahren.	É gostoso ir à praia no verão.

Como é em alemão

- Nos exemplos acima existem dois núcleos de ◯:
  (a) **macht/fahren** e (b) **ist/informiert sein**. Existem, portanto, duas orações.
- A segunda oração, (a) **im Sommer ans Meer zu fahren** e (b) **dass du gut informiert bist**, na verdade constitui o REALIZADOR da primeira. Isso possibilita formular as frases assim: a)**Im Sommer ans Meer zu fahren, macht Spaß** b)**Dass du gut informiert bist, ist wichtig**. Por serem muito longos, esses REALIZADORes-oração causam um certo desequilíbrio na frase. Assim são transferidos para o lugar depois do predicado.
- A "vaga" original do REALIZADOR, porém precisa ser preenchida para a estrutura da frase funcionar.
- Essa "vaga" é ocupada com "**es**", uma espécie de "coringa", que assim funciona como um "ocupante" da posição do REALIZADOR lógico.

⚙ Uso de **Es**, GC-9
⚙ Relações/encaixes entre orações, GC-14

🐝 Toda a oração necessita expressar o REALIZADOR, mesmo que ele já tenha aparecido anteriormente (isso não vale para exclamações e ordens dadas a **du**, nem para orações infinitivas).

O que mais você deve saber:
A expressão "Há...", "Existe(m)", é **es gibt**... Aqui o "es" não funciona como "ocupante da posição do REALIZADOR lógico mas apenas como sujeito formal, já que não há ◯ sem nom. **Es gibt** é uma expressão impessoal que não muda: **In Porto Alegre gibt es den schönsten Sonnenuntergang der Welt**. Em Porto Alegre há o pôr do sol mais bonito do mundo. **In dieser Stadt gibt es viele Parks**. Nesta cidade há muitos parques.

Exercício A1:

Traduza:
(Respostas na página 152)

1. A Sra. Bauer está sem tempo, embora não trabalhe.
2. As crianças ficam contentes quando podem brincar na rua.
3. Vou te ajudar assim que tiver terminado este trabalho.
4. Há muito o que fazer.
5. Admira-me que você tenha acreditado nele.
6. É permitido acampar.
7. Incomoda-me que eles não tenham vindo.
8. Parece-me que não vamos ter problemas.

ERROS DE ESTRUTURA **125**

A2 Não observância da inversão - ◯ fora do lugar quando há um elemento de ênfase no início da frase

Alemão		Português
a) ☹	☺	
Heute sie kommt nicht.	**Heute kommt sie nicht.**	Hoje ela não vem.
Dann er hat gesagt, ...	**Dann hat er gesagt,...**	Depois ele disse...

Como é em alemão
- Em orações principais a estrutura em ordem direta é [nom] + ◯ + outros elementos.
- Para enfatizar qualquer elemento da oração, coloca-se o mesmo no lugar do [nom], que por sua vez aparece após ◯ conjugado. Esse fenômeno é muito frequente e se chama "inversão".

O que mais você deve saber:
O elemento enfatizado é frequentemente △ de TEMPO.

Exercício A2:

Coloque o elemento sublinhado em destaque, observando a inversão:
(Respostas na página 152)

1. **Die Eröffnungsfeier der Expo 2000 ist <u>am 1. Juni.</u>** Dia 1º de junho serão as festividades de abertura da Expo 2000.
2. **Das Welttanzfestival findet <u>vom 28.8 bis 15.10.</u> statt.** De 28 de agosto a 15 de outubro acontece o festival mundial de dança.
3. **Es gibt <u>täglich</u> Straßentheater.** Diariamente haverá teatro de rua.
4. **Die Besucher können <u>vom 14.~16.7.</u> am Weltmusik-Festival teilnehmen.** De 14 a 16 de julho os visitantes poderão participar do festival mundial de música.
5. **Die Sommerferien beginnen <u>im Dezember.</u>** Em dezembro começam as férias de verão.
6. **Sie heiraten <u>nächsten Monat.</u>** Eles vão casar mês que vem.

A3 Predicados com dois elementos – Não observância do "abraço"

Alemão		Português
a) ☹	☺	
Wir möchten fahren ans Meer.	**Wir möchten ans Meer fahren.**	Nós gostaríamos de ir à praia.
Er hat gelesen ein Buch.	**Er hat ein Buch gelesen.**	Ele leu um livro.

Como é em alemão:

- A estrutura da frase é: nom (I) + ○ (II) + outros elementos (III). ○ conjugado forma o "eixo" da frase, no sentido de que ○ de um modo geral (nas afirmativas, excluindo ordens e uma parte das perguntas) ocupa a posição II (veja Inversão, EE, p. 125).
- O espaço à esquerda de ○ é também chamado de **Vorfeld** (campo anterior), o espaço a partir de ○, de **Mittelfeld** (campo de meio) ou **Hauptfeld** (campo principal). Neste campo, quando o predicado tem dois elementos, (1 ○ conjugado + 1 ○ no infinitivo ou ⟅), estes formam uma espécie de "abraço": afastam-se o máximo possível, ou seja, até os limites da frase, assim fornecendo dois pilares para sustentar a estrutura da frase. As informações restantes aparecem entre as duas partes do predicado, como que abraçadas.

∞ o Elementos e Estrutura da Oração, GC-Oa

O que mais você deve saber:
Em algumas ocasiões, aparece mais um campo chamado **Nachfeld** (campo posterior). Exemplo:
[Er] [hat in den letzten Jahren mehr Geld verdient] [als sein Bruder].
c.anterior   c. do meio ou principal   c. posterior
Como é rara sua ocorrência, o "campo do meio" é aqui denominado "campo principal", pois nele estão as informações principais.

Exercício A3:

Ordene os elementos das frases a seguir:
(Respostas na página 152)

1. Abend - möchte - Ich - heute - in - gehen - den - Zirkus
2. Schlüssel - Er - seinen - Haus - vergessen - hat - zu
3. Lastwagen - Minas - Gerais - produziert - In - werden
4. Minas - In - gefunden - Halbedelsteine - werden
5. nicht - hättest - sollen - wirklich - sagen - Das - du
6. morgen - du - kommen - zu - mir - ? - Kannst - früh

A4 ○ com ⟅ : esquecimento ou não separação de ⟅

Alemão		*Português*
a) ☹	☺	
Ich rufe dich heute abend. ich anrufe dich heute abend.	**Ich rufe dich heute abend an.**	Telefono para você hoje à noite.

ERROS DE ESTRUTURA

Como é em alemão

- Existem ○ simples (**rufen, kommen** etc.) e ○ com ⟨, ou seja, com um elemento anteposto (geralmente ◇).
- O elemento ⟨ em ○ modifica seu significado. Exemplos:
- **Rufen** chamar; **anrufen** telefonar para alguém.
- **Kommen** vir; **ankommen** chegar em algum lugar.
- **Stellen** (colocar em pé); **anstellen** ligar um aparelho; aprontar (fazer arte).
- Outros ⟨ podem ser: **ab, auf, aus, bei, ein, frei, gegenüber, mit, nach, nieder, vor, weg, zu, zurück**.
- O elemento ⟨ é acentuado já que conserva seu próprio significado.
- Pela mesma razão a "liga" entre ⟨ e ○, no infinitivo, se desfaz na conjugação. ⟨ aparece no final da oração.
- ⟨ não é prefixo, já que não é elemento fixo.

🙵 ○, GC-12g

O que mais você deve saber:

A separação de ⟨ não ocorre em dois casos:

(1) na forma ⬭(**angerufen, aufgemacht, beigebracht** etc.); observe que o elemento formador de ⬭(**-ge-**) aparece entre ⟨ e ○ ;
(2) em oração dependente: **Sie wollen heiraten, sobald er aus dem Ausland zurückkommt.** (Eles querem casar tão logo ele retorne do estrangeiro). **Wenn du nicht aufpasst, fällst du noch hin!** Se você não tomar cuidado ainda cai!

Exercício A4:

Construa as frases abaixo:
(Respostas na página 153)

1. du/heute/ins Kino/mitkommen/?
2. wir/morgen/unsere Lehrerin/anrufen/.
3. Sie/bitte/die Bücher/aufmachen/!
4. du/noch/einkaufen/müssen/.
5. wann/er/endlich/weggehen/?
6. Direktor Müller/nächste Woche/aus dem Urlaub/zurückkehren

A5 Confusão de elementos no campo principal da oração

A5a) Troca de PARTICIPANTE

Alemão		Português
a) ☹	☺	
Herr Müller schenkt Blumen seiner Frau. (Herr Müller schenkt ihr sie.)	**Herr Müller schenkt seiner Frau Blumen. (Herr Müller schenkt sie ihr.)**	Herr Müller presenteia sua esposa com flores.
Obs.: **ihr = seiner Frau; sie = Blumen**		

Como é em alemão

- Como ocorre com muitos outros ◯, **schenken** pede dois PARTICIPANTES: ◯ + |dat| + |acu|
- |acu| é, na verdade, o primeiro complemento, pois a primeira pergunta é: "presentear o quê?", e a segunda, "a quem?".
- Como no "abraço" (↬ E1, A4), este elemento mais ligado se afasta, para depois "abraçar" o resto, ou seja o |dat|
- Por isso, às vezes, é preciso "pular" um elemento (saber primeiro "o quê? e depois "a quem?") para depois voltar: **Er schenkt seiner Frau Blumen** ⇨ ESTRUTURA: |nom| + ◯ + |dat| + |acu|
- A ordem depois de ◯ é: |dat| precede |acu|
- Essa ordem vale para quando o PARTICIPANTE |acu| for um nome, ou um pronome definido ou indefinido. **Er schenkt seiner Frau Blumen. Er schenkt ihr Blumen. Er schenkt ihr welche. Er schenkt ihr diese Blumen. Er schenkt ihr diese.**
- Quando o PARTICIPANTE |acu| for um pronome pessoal, os PARTICIPANTES trocam de lugar (primeiro |acu| depois |dat|): **Er schenkt sie ihr.**

↬ Elementos e Estrutura da oração, GC-Oa

Exercício A5a:

Escreva as frases a seguir empregando ◯ indicada.
(Respostas na página 153)

1. geben: der Portier im Hotel - der Gast - eine Auskunft
2. erklären: der Lehrer - die Schüler - die Grammatik
3. leihen: du - ich - das Buch?
4. empfehlen: ich - Sie - dieses Hotel
5. anbieten: ich - du - eine Tasse Kaffee
6. bringen: sie - wir - die Speisekarte
7. schicken: die Firma - die Kunden - der Frühjahrskatalog

8. schreiben: Martin - seine Freundin - ein Brief aus dem Urlaub
9. stehlen: der Dieb - die Frau - die Handtasche
10. verkaufen: der Händler - die Kunden - das Auto
11. zeigen: der Fremdenführer - die Touristen - die Stadt
12. schenken: Ingrid - ihr Freund - eine Krawatte

A5b) Troca de △

Alemão		Português
a) ☹	☺	
Er fährt nach Haus schnell.	**Er fährt schnell nach Haus.**	Ele vai rápido para casa.
Er ist ins Kino gestern gegangen.	**Er ist gestern ins Kino gegangen.**	Ele foi ao cinema ontem.

Como é em alemão

No "campo principal" os △ normalmente seguem a seguinte ordem: <u>TE</u>MPO - <u>CA</u>USA - <u>MA</u>NEIRA (ou INSTRUMENTO) - <u>LO</u>CAL (TECAMALO). É bastante rara a presença de todos os tipos de △ em uma frase, mas a ocorrência de △ TEMPO e △ LUGAR é bastante comum. Grave a ordem de △ e saiba que, seguindo a "lei do abraço" (☙ E1 A3), △ LO é informação primária que se afasta de ⭕ para a "abraçar" os demais elementos. Observe o que se pergunta primeiro: **Wir fliegen im Juli nach Deutschland.** Voaremos para a Alemanha em julho. **Wohin fliegen wir?** Para onde voaremos em julho? **Wann fliegen wir nach Deutschland?** Quando voaremos para a Alemanha?
☙ Elementos e estrutura da oração, GC-Oa

Exercício A5b:

Coloque em ordem os elementos nas frases a seguir:
(Respostas nas páginas 153 e 154)

1. getroffen - in - Ich - ihn - gestern - der - Universität - habe
2. bringt - zurück - das - die - Bibliothek - morgen - Sie - Buch - in
3. reisen - im - gern - Frühjahr - nach - Wir - Griechenland - würden
4. Touristen - fahren - in - Ferien - in - den - Viele - den - deutsche - Süden
5. Universität - schon - Semester - in - der - Köln - Er - an - studiert - drei
6. Sommer - jeden - im - Abend der Terrasse - sitzen - auf - Sie

A6 Estrutura da oração dependente: ◯ fora da posição

Alemão		Português
☹	☺	
Er hat schwimmen gelernt, als er war 6 Jahre alt.	**Er hat schwimmen gelernt, als er 6 Jahre alt war.**	Ele aprendeu a nadar quando tinha seis anos de idade.
Sie ist nicht zufrieden mit ihrem Job, obwohl sie verdient viel.	**Sie ist nicht zufrieden mit ihrem Job, obwohl sie viel verdient.**	Embora ganhe bem, ela não está satisfeita com seu trabalho.
Herr Meier muss noch erklären, warum er ist gestern nicht gekommen.	**Herr Meier muss noch erklären, warum er gestern nicht gekommen ist.**	Herr Meier ainda tem de explicar por que ele não veio ontem.

Como é em alemão
- A oração dependente (aquela que traz uma informação secundária, complementar à principal) traz ◯ no final. A ordem dos demais elementos é "normal" (como seria em uma oração independente).
- Para o aluno que fala uma língua com estrutura diferente costuma ser difícil "guardar" ◯ até o fim.
- Dica: Quando fizer exercícios orais para fixação da estrutura, feche uma das mãos como se estivesse prendendo ◯ dentro dela e abra-a quando chegar ao final da oração dependente, assim "soltando o verbo".

☙ Oração dependente, GC-14b
☙ ◯ em orações dependentes, GC-12g1

Exercício A6:

Coloque em ordem os elementos na oração dependente:
(Respostas na página 154)

1. Er ist heute zu spät zur Arbeit gekommen, verschlafen weil er hat
2. Ich wusste nicht, er letztes in war Jahr Südafrika dass
3. Als er sie kennenlernte, fertig war dem sie Studium schon mit.
4. Immer wenn sie zur Wassergymnastik geht, Schulfreundinnen ihre sie trifft
5. Er hat ihr nicht gesagt, zurückkommt er wann.
6. Wir fragen uns, ersten bekommt den Kandidat Preis welcher

ERROS DE ESTRUTURA

A7 A frase composta de oração dependente + oração independente: não observância da inversão

Alemão		*Português*
☹	☺	
Weil er keine Zeit hat, er schreibt die E-mail erst morgen.	**Weil er keine Zeit hat, schreibt er die E-mail erst morgen.**	Como ele não tem tempo, vai escrever o e-mail só amanhã.
Als sie nach Haus kam, sie war sehr müde.	**Als sie nach Haus kam, war sie sehr müde.**	Quando ela veio para casa, estava muito cansada.
Obwohl ich eigentlich keine Lust hatte, ich habe abgespült.	**Obwohl ich eigentlich keine Lust hatte, habe ich abgespült.**	Embora eu realmente não tivesse vontade, lavei a louça.

Como é em alemão

- Quando a oração dependente vem antes da independente, a dependente ocupa a posição I no contexto geral (causando assim a "fuga" do REALIZADOR para o lugar imediatamente após ○ conjugado (○ não sai da posição II), ou seja, ocorre a inversão. (⚭ p. 125)
- Grave a regra: quando a sequência for <u>dependente ⇨ independente</u> encontra-se ○ (posição final da dependente) com ○ (posição II no contexto geral, aqui início da oração independente).
- Lembre: tem uma vírgula no meio! (que separa as duas orações)

⚭ Oração dependente, GC-14b
Elementos e Estrutura da Oração, GC-Oa
⚭ Conectores que são cenários, GC-14a2
⚭ Uso de Es, GC-9

Exercício A7:

Coloque a oração dependente na frente da independente:
(Respostas na página 154)

1. Ich muss noch schnell die Regeln lernen, bevor wir den Test machen.
2. Du kannst die Wäsche waschen, während ich koche.
3. Wir wohnen immer in derselben Pension, wenn wir in Köln sind.
4. Frau Müller kann nicht glauben, dass ihr Mann so wenig verdient.
5. Er hat seine Rechnungen immer noch nicht bezahlt, obwohl er sein Gehalt schon bekommen hat.
6. Es ist unglaublich, dass der Roman ein Happy-end hat.

A8 A pergunta: ○ na posição errada

Alemão		Português
☹	☺	
Warum du bist nicht gekommen?	**Warum bist du nicht gekommen?**	Por que você não veio?
Er hat heute Unterricht?	**Hat er heute Unterricht?**	Ele tem aula hoje?

Como é em alemão
- À semelhança do português, existem dois tipos de perguntas:
a) com elemento interrogativo (**wer?, was?, wo?, wann?, warum?** etc.) que indagam por uma resposta detalhada
b) sem elemento interrogativo, que indaga por uma resposta que será ou "sim" ou "não".
- Em (a), ○ segue a determinação da oração afirmativa, ocupando a posição II.
- Em (b), a pergunta inicia diretamente com ○.
- ॐ Elementos e estrutura da oração, GC-Oa

Exercício A8:

Formule perguntas colocando os elementos em ordem:
 (Respostas na página 155)

1. bist - gestern - wohin - du – gegangen-?
2. sie - gefahren - warum - nicht - sind - in Urlaub - ?
3. Gymnastik - sie - macht - noch- ?
4. gut - er - Auto fahren - kann - ?
5. gesagt - Was - gerade - ? - du - hast
6. du - Auto - Wem - geliehen - hast - dein -?

A9 A negação: posição errada e/ou uso de **nicht** por **kein**

A9a) **nicht** na posição errada

Alemão		Português
☹	☺	
Wir nicht wollen ins Kino gehen.	**Wir wollen nicht ins Kino gehen.**	Não queremos ir ao cinema.

Como é em alemão
- A palavra **nicht**, que normalmente nega ◯ e assim a oração inteira, aparece <u>após</u> ◯ conjugado.
- Quando ◯ tem PARTICIPANTE acu , **nicht** se transfere para depois do acu . **Ich verstehe** den Text **nicht**. Não entendo o texto. **Herr Müller hat mir** das Geld **nicht gegeben.** O Sr. Müller não me deu o dinheiro.

☙ Negação, GC-18

A9b) Uso de **nicht** no lugar de **kein, keine** etc.

Alemão		Português
☹	☺	
Er hat nicht Geld.	**Er hat kein Geld.**	Ele não tem dinheiro.

Como é em alemão
- Quando se nega ▢, com marcador indefinido ou ausente, usa-se o marcador negativo **kein, keine** etc. **Herr X besitzt eine große Villa.** O Sr. X possui uma grande mansão. **Herr Y besitzt** <u>keine</u> **große Villa.** O Sr. Y possui "nenhuma" grande mansão. **Frau Z. hat Zeit.** A Sra. Z. tem tempo. **Frau Z. hat** <u>keine</u> **Zeit.** A Sra. Z. tem "nenhum" tempo.
- Oberve a diferença entre: **Er trinkt den Wein** <u>nicht</u>. Ele não bebe o vinho. **Er trinkt** <u>keinen</u> **Wein.** Ele não bebe "nenhum" vinho.

☙ CG, 18b

O que mais você precisa saber:
kein é uma espécie de substituto para **nicht ein**, que parece não poder aparecer nessa ordem. Pois em ordem inversa a expressão ocorre, com seus dois elementos afastados um do outro:
Ein Haus hat er nicht, aber eine Wohnung. Ele não tem uma casa mas um apartamento, sim.
Ein Haus hat er nicht, aber ein Auto. ..., mas um carro, sim.

Exercícios A9a e A9b:

Traduza:
(Respostas na página 155)

1. Não tenho tempo.
2. Por que você não devolveu os livros?
3. Ela não recebeu resposta alguma.
4. Que bom que não está chovendo!
5. Ela não viu o filme.
6. Ela não viu filme nenhum.

B

Erros de microestrutura (construção de unidades de informação) (E2)

B1 Não observância do ⟦nom⟧ quando é PARTICIPANTE

Alemão		Português
☹	☺	
Herr Müller ist einen sehr guten Zahnarzt.	**Herr Müller ist ein sehr guter Zahnarzt.**	O Sr. Müller é um ótimo dentista.
Du wirst immer meinen besten Freund bleiben.	**Du wirst immer mein bester Freund bleiben.**	Você será (permanecerá) sempre o meu melhor amigo.

Como é em alemão
- O ⟦nom⟧ serve tanto para REALIZADOR como serve para PARTICIPANTE quando ◯ é **sein, werden** e **bleiben** (em português denominados "verbos de ligação", que estabelecem uma igualdade entre o REALIZADOR e o PARTICIPANTE; este último, em alemão, com esses ◯ é ⟦nom⟧)
- O erro fica visível no gênero masculino, que tem duas formas distintas para ⟦nom⟧ e ⟦acu⟧, ao contrário de feminino, neutro e plural (que são iguais no ⟦nom⟧ e no ⟦acu⟧).

Exercício B1

Traduza:
(Respostas na página 155)

1. Ele com certeza será um ótimo violinista.
2. Ele é um ótimo pianista.
3. O **Frankenwein** (vinho da Francônia) frequentemente é um vinho muito azedo.
4. Este é um conhaque francês muito bom.

B2 ▭▷ acompanhando ◯

a)

Alemão		Português
☹	☺	
Diese Wohnung ist sehr billige.	**Diese Wohnung ist sehr billig.**	Este apartamento é muito barato.
Ich finde das Haus nicht schönes.	**Ich finde das Haus nicht schön.**	Não acho a casa bonita.

Como é em alemão
- Quando ▭▷ acompanha ◯ sein - werden - bleiben - finden ▭▷ é invariável em gênero, número e caso.
- Esse aspecto da estrutura é positivo para quem aprende, pois permite ao falante concentrar-se no vocabulário, dispensando declinar ▭▷.

b)

Alemão		Português
☹	☺	
Der Wagen neu von Herrn Müller war sehr teuer.	**Der neue Wagen von Herrn Müller war sehr teuer.**	O carro novo do Sr. Müller foi muito caro.

Como é em alemão
- ▭▷ que acompanha ▭ precede ▭▷ <u>sempre</u>.
- Nesse caso, é preciso declinar.
- ☙ Declinação de ▭▷, GC-7d

ERROS DE ESTRUTURA **137**

Exercício B2a e B2b:

Selecione ⟹ corretamente declinada:
(Respostas na página 155)

1) Die Raumstation bleibt für die nächst_(1) 20 Jahre gebrauchsfähig_(2) .
(1) -e ( )   -en ( )   -   ( )
(2) -e ( )   -en ( )   -   ( )

2) Dieses klein_(1) Land hat bei der letzt_(2) Olympiade die meist_(3) Goldmedaillen gewonnen.
(1) -e ( )   -en ( )   -   ( )
(2) -e ( )   -en ( )   -   ( )
(3) -e ( )   -en ( )   -   ( )

3) Auf dem gross_(1) Parkplatz stehen immer viel_(2) Autos.
(1) -e ( )   -en ( )   -   ( )
(2) -e ( )   -en ( )   -   ( )

4) In letzt_(1) Zeit hat er nicht viel Kontakt mit seinen alt_(2) Freunden gehabt.
(1) -er ( )   -e ( )   -   ( )
(2) -er ( )   -en ( )   -   ( )

B3 Padrão de ⟲

B3a)

Alemão		Português
☹	☺	
Herr Müller hat der Wagen gekauft.	**Herr Müller hat den Wagen gekauft.**	O Sr. Müller comprou o carro.
Frau Richter hilft ihre Nachbarin.	**Frau Richter hilft ihrer Nachbarin.**	A Sra. Richter ajuda a sua vizinha.
Der Lehrer erklärt die Schüler die Grammatik.	**Der Lehrer erklärt den Schülern die Grammatik.**	O professor explica a gramática aos alunos.
Ich muss immer lange auf der Bus warten.	**Ich muss immer lange auf den Bus warten.**	Sempre tenho de esperar muito pelo ônibus.

Como é em alemão

- Todos os PARTICIPANTES têm, conforme ○ que os precede, a sua forma (o seu caso) preestabelecida pelo padrão de ○.
- Existem os seguintes padrões:

1) ○ com [nom]: **sein, werden, bleiben** (☞ E1-B1)
2) ○ com [acu]: ○ com PARTICIPANTE "direto", ou seja, ○ que age de forma direta sobre o PARTICIPANTE, criando-o ou transformando-o (**schreiben, essen** etc.). Pode-se dizer que o PARTICIPANTE é submetido à ação de ○.
3) ○ com [dat]: este grupo de ○ é relativamente pequeno. O PARTICIPANTE é geralmente uma pessoa, beneficiada pela ação e não submetida a ela. Alguns exemplos são: **helfen gefallen, gehören, antworten, begegnen, danken, fehlen, folgen, gelingen, glauben, gratulieren, nützen, raten, schmecken, vertrauen, widersprechen, zuhören, zuschauen.**
4) ○ com [dat] + [acu]: ○ com dois PARTICIPANTES, sendo que [dat] representa pessoa e acu, uma "coisa". Alguns exemplos são: **anbieten, bringen, empfehlen, erklären, erlauben, geben, leihen, schenken, schicken, zeigen.**
   Nesse grupo entram alguns ○ do padrão 2, quando se quer informar a pessoa PARTICIPANTE. Exemplos: **erzählen, kaufen, waschen** etc.
5) ○ + ◇ + [acu] ou ○ + ◇ + [dat]: Esses ○ precisam de determinado ◇ para "atrelar" o PARTICIPANTE. A "roupa" ou caso do PARTICIPANTE é determinado por ◇. Exemplos: **Wann fangen wir mit der Arbeit an?** Quando começamos com o trabalho? (**mit** + [dat]) **Die Arbeiter protestieren gegen die niedrigen Löhne.** Os trabalhadores protestam contra os baixos salários. (**gegen** + acu)

☞ Complementação de ○ GC-15a-15a2b

O que mais você precisa saber:

1) Ao usar ◇ que pede mais do que uma "roupa", dependendo de ○ será empregado [acu] ou [dat]. Dica: a maioria exige [acu]. Exemplos: **Helga denkt viel an [ihren Freund].** ([acu]) Helga pensa muito no namorado dela. **Er nimmt an einem Kongress in Frankreich teil.** ([dat]) Ele vai participar de um congresso na França. **Sie wartet schon lange auf [meinen Besuch].** ([acu]) Ela já espera por minha visita há tempos. **Er besteht auf einer baldigen Versetzung.** Ele exige uma transferência imediata.
2) Quando necessário, os padrões podem naturalmente unir-se na mesma oração: **Ich danke dir für die schönen Blumen.** Eu lhe agradeço pelas belas flores. [dat] + ◇ + [acu] **Er hat sie an der Stimme erkannt.** Ele a reconheceu pela voz. [acu] + ◇ + [dat]

B3b)

Alemão		Português
☹	☺	
Ich wasche mich die Hände.	**Ich wasche mir die Hände.**	Eu lavo as mãos.

Como é em alemão

- O pronome reflexivo representa (assim como em português) que PARTICIPANTE e REALIZADOR são o mesmo. Exemplo: **Ich ziehe mich an.** Eu me visto. **Wen? (mich)** Quem? (a mim) Nesse caso há apenas um PARTICIPANTE, que está no acu. Mas, a exemplo do padrão 4, quando ⭕ tem dois PARTICIPANTES, a pessoa entra no dat e a "coisa", no acu : **Ich ziehe mir einen Mantel an.** Eu (me) visto (com) um casaco. **Wem? (mir) Was? (einen Mantel)**

🕮 GC-8b

O que mais você precisa saber:

nom	dat	acu
ich	mir	mich
du	dir	dich
sie/er/es	sich (!)	sich (!)
wir	uns	uns
ihr	euch	euch
sie	sich (!)	sich (!)
Sie	sich	sich

Exercícios B3a e B3b:

Complete:
(Respostas nas páginas 155 e 156)

1. Du wäschst ____ die Hände.
2. Du wäschst ____ .
3. Bitte setz ____ .
4. Ich habe ____ verliebt.
5. Warum beeilt Petra ____ nicht?
6. Georg hat ____ gut amüsiert.
7. Ich glaube, da haben Sie ____ geirrt.
8. Ich möchte ____ ein neues Auto kaufen.

B4 Tempos compostos de ○ – erro em ●

Alemão ☹	☺	Português
Am Wochenende habe ich nach Gramado gefahren.	**Am Wochenende bin ich nach Gramado gefahren.**	Fui a Gramado no fim de semana.
Nachdem er aufgewacht hatte, trank er erst mal einen Kaffee.	**Nachdem er aufgewacht war, trank er erst mal einen Kaffee.**	Depois que acordou ele tomou primeiro um café.

Como é em alemão.

- A grande maioria de ○ usa ● **haben** para formar os tempos compostos:
  lesen -(PASSADO COMPOSTO) **ich habe gelesen.** (PASSADO DO PASSADO) **Ich hatte gelesen.**
  kaufen -(PASSADO COMPOSTO) **ich habe gekauft** (PASSADO DO PASSADO) **ich hatte gekauft.**
- No entanto, para ○ que expressa uma mudança de estado, nesses mesmos tempos usa-se ● **sein**: fahren - gehen - kommen - steigen, einsteigen, aussteigen, umsteigen - einziehen, ausziehen, umziehen - fliegen - fallen - wachsen - werden - aufwachen - aufstehen - einschlafen - sterben - scheitern.
- Tempos compostos com **bleiben** e **sein** são sempre formados com **sein**.

Exercício B4:

Traduza:
(Respostas na página 156)

1. Quando foi que ele voltou?
2. Ontem demos um passeio às margens do rio.
3. O pintor caiu da escada e quebrou uma perna.
4. Goethe morreu em 1832.
5. Nas férias ele sempre levantava tarde.
6. Minha amiga se mudou para São Paulo.

B5 Indicações de lugar e de movimento – declinação errada

a)

Alemão ☹	☺	Português
Frau Müller arbeitet in Zentrum.	**Frau Müller arbeitet im Zentrum.**	A Sra. Müller trabalha no Centro.
Er studiert an die UFRGS.	**Er studiert an der UFRGS.**	Ele estuda na UFRGS.

ERROS DE ESTRUTURA

Como é em alemão
- Para indicar o lugar em que a ação se passa, há 10 ◇ que expressam exatamente a localização: **an, auf, hinter, neben, in, über, unter vor, zwischen, bein**. Esses ◇ são seguidos de [dat] e respondem à pergunta **wo?**.
- **an** e **in** podem fundir-se com o marcador definido (GC), fazendo uma contração: **Ich sitze am Tisch/am Fenster (am = an dem)** Estou sentado à mesa, à janela. **Ich bin im Keller/im Zentrum (im = in dem)** Estou no porão/no Centro.

Para a tradução e exemplos de uso de ◇, GC-10

O que mais você precisa saber:
Respondendo à pergunta "em que lugar?", naturalmente são empregados ◯ que expressam localização: **sein - stehen - liegen - sitzen - hängen**.

Exercício B5a:

Complete com ◇ ou ◇ + marcador [dat] quando necessário:
(Respostas na página 156)

1. Warum liegst du denn immer noch _____ Bett?
2. Frau X hat heute viel Arbeit _____ _____ Küche.
3. Der Geschirr steht schon _____ _____ Tisch.
4. Paul sitzt _____ Tisch _____ _____ Schwester.
5. _____ _____ Tisch hängt eine schöne Lampe.
6. _____ _____ Haus ist ein kleiner Garten.
7. Eine Garage steht _____ _____ Haus und _____ Nachbarhaus.

b)

Alemão		Português
☹	☺	
Das Kind geht schon in Schule.	Das Kind geht schon in die Schule.	A criança já está indo à escola.
Ich habe das Geschirr auf der Tisch gestellt.	Ich habe das Geschirr auf den Tisch gestellt.	Eu coloquei a louça na mesa.

Como é em alemão
- Para indicar o lugar ao qual a ação se dirige, com a mesma exatidão, são usados os mesmos ◇, porém com [acu].
- No caso da ação com movimento, pergunta correspondente é **wohin?**.
- **an** e **in**, bem como com **auf**, também aqui podem fundir-se com o marcador definido **das** (GC ??), fazendo uma contração: **Ich setze mich an den Tisch/ans Fenster (ans = an das)** Sento-me à mesa/à janela. **Ich gehe ins Wohnzimmer. (ins = in das)** Vou a sala de estar. **Ich setze mich aufs Bett (aufs = auf das)** Sento-me na(sobre) a cama.

O que mais você precisa saber:

- Quando a ideia é "para que lugar" usa-se ◯ que expressa a ideia do movimento, direcionalmente. Alguns exemplos de tais ◯: **gehen - stellen - legen - sich setzen - hängen** (colocar pendurado).
  Ich setze mich an den Tisch/ ans Fenster/an die Tür. Sento-me à mesa/ à janela/ à (junto à) porta.
- Nesse grupo encontram-se alguns ◯ que, para o falante de português brasileiro, não transmitem necessariamente a noção de direcionamento, como por exemplo:
  schreiben: Wir schreiben ein Wort an die Tafel/ auf ein Blatt/ ins Heft.
  Escrevemos uma palavra no quadro/em uma folha/no caderno.
  sehen: Bitte sehen Sie an die Tafel/ auf das Blatt/ ins Heft. Por favor, olhe para o quadro/para a folha/no caderno.
- Quando a ideia é "para que lugar", existem mais dois ◇ que respondem à pergunta **wohin?** , mas que pedem [dat]:
  nach - Usado para referência a lugares sem a presença de marcador, como nomes de países e cidades: **Wir reisen nach São Paulo/nach Deutschland.** Viajamos para SP/para a Alemanha.
  zu - Significa "para" e passa a ideia de ir para ficar pouco tempo: **Ich gehe zur Apotheke/zur Post.** Vou à farmácia/ao correio. **Der Bus fährt zum Bahnhof/zum Zentrum.** O ônibus vai para a estação ferroviária/para o Centro.
- Esta ◇ também é usada quando o movimento é com direção a uma pessoa (que está em sua casa ou seu trabalho). **Kommst du heute zu mir?** Você vai a minha casa hoje? **Nächste Woche muss ich zum Arzt.** Semana que vem tenho de ir ao médico.

Exercício B5b:

Complete com ◇ ou ◇+ marcador [acu] quando necessário:
(Respostas na página 156)

1. Du hast Fieber. Warum legst du dich nicht _____ Bett?
2. Frau X muss jetzt kochen. Sie geht _____ Küche.
3. Hast du das Geschirr schon _____ Tisch gestellt?
4. Paul setzt sich _____ seine Schwester.
5. Was meinst du? Hängen wir die Lampe _____ Tisch?
6. Herr Müller ist im Garten. Wenn Sie ihn sprechen wollen, gehen Sie bitte _____ Haus.
7. Ich suche einen Zeitungsartikel. Ich glaube, ich habe ihn _____ Zeitungen gelegt.

ERROS DE ESTRUTURA

B6 Indicações de tempo – declinação errada

Alemão		Português
☹	☺	
Er kommt in Januar aus Deutschland zurück.	**Er kommt im Januar aus Deutschland zurück.**	Ele volta da Alemanha em janeiro.
Sie hat in 3. Oktober Geburtstag.	**Sie hat am 3. Oktober Geburtstag.**	Ela faz aniversário em 3 de outubro.
Er will ein Monat in Europa bleiben.	**Er will einen Monat in Europa bleiben.**	Ele quer ficar um mês na Europa.

Como é em alemão
- Para responder à pergunta "quando?" de um modo geral usa-se ◇ **an - in - vor - zwischen** + dat (**an** é usado para datas e dias, ↔ GC).
- Para responder à pergunta "(por) quanto tempo?" de um modo geral usa-se acu, sem ◇.

Para a confusão entre **vor** e **seit**, ↔ E2

Exercício B6:

Complete com ◇:
(Respostas na página 157)

a) Wann kommt er zurück?
1. _____ 3 und 4 Uhr.
2. _____ Nachmittag.
3. _____ November.
4. _____ ein __ Woche.
5. _____ ein __ Monat.
6. _____ 14 Tagen.
7. _____ ein __ Jahr.
8. _____ Montag.

b) Wann warst du in Europa?
1. _____ Juli.
2. _____ 3 Jahren.
3. _____ _____ Ferien.

c) Wie lange dauert der Kurs?
1. Ein __ Monat.
2. Ein __ Woche.

B7 A oração relativa ▭▷ – erro na escolha do pronome relativo (◀—)

Alemão		Português
☹	☺	
Der Wissenschaftler, wo 30 Jahre lang geforscht hat, hat jetzt den Nobelpreis bekommen.	**Der Wissenschaftler, der 30 Jahre lang geforscht hat, hat jetzt den Nobelpreis bekommen.**	O cientista que pesquisou por 30 anos recebeu agora o prêmio Nobel.
Das Mädchen, was dort spielt, ist die Tocht er meiner Nachbarin.	**Das Mädchen, das dort spielt, ist die Tocht er meiner Nachbarin.**	A menina que está brincando ali é filha da minha vizinha.
Das ist die Kollegin, mit wem ich zusammen studiert habe.	**Das ist die Kollegin, mit der ich zusammen studiert habe.**	Esta é a colega de trablho com quem estudei na faculdade.

Como é em alemão

- O pronome que introduz uma oração relativa é de um modo geral o marcador definido do ☐ que as duas orações têm em comum (palavra de referência), na função de ◀— .
- Historicamente, supõe-se a seguinte evolução:

a) Parte-se de duas orações independentes:
   |Der Wissenchaftler| hat den Nobeloreis bekommen. |Der Wissenschaftler| hat 30 Jahre lang geforscht (**Wisseschaftler** *é palavra de referência*).

b) Em seguida, torna-se uma (a de conteúdo secundário) dependente da outra (de conteúdo "mais importante"). Nesse momento a palavra de referência é suprimida, ficando como ◀— o seu marcador: **Der Wissenschaftler, <u>der</u> 30 Jahre lang geforscht hat, hat den Nobelpreis bekommen.**

- O erro em que normalmente se incorre se deve ao costume de, em português, iniciar a oração com "que" ou "quem". Em alemão isso é mais diferenciado, pois a forma do conector (pronome) corresponde ao papel que ele desempenha na oração dependente: se é REALIZADOR, PARTICIPANTE |acu| ou PARTICIPANTE |dat| ou possuidor (|gen|).

	|nom|	|acu|	|dat|	|gen|
fem.	die	die	der	d<u>er</u>en
masc.	der	den	dem	d<u>ess</u>en
neut.	das	das	dem	d<u>ess</u>en
pl.	die	die	den<u>en</u>	d<u>er</u>en

- Quando ◯ exige ◇, ◇ naturalmente precede o pronome relativo: **Das ist der Mann, auf den sie ihr ganzes Leben gewartet hat.** Este é o homem por quem ela esperou sua vida inteira.

Para uma explicação detalhada dessa estrutura, GC-7b-7b5
Construção de orações dependentes, GC-14c

O que mais você precisa saber:

As formas **deren - dessen - dessen - deren**, que correspondem a cujo(a)(s), baseiam-se exclusivamente no gênero/número da palavra de referência, nunca no gênero do □ possuído.

Português	Alemão
O meu amigo, cujo pai...	**Mein Freund, dessen Vater**
O meu amigo, cuja mãe...	**Mein Freund, dessen Mutter**
O meu amigo, cujos filhos...	**Mein Freund, dessen Kinder**
A minha amiga, cujo pai	**Meine Freundin, deren Vater**
A minha amiga, cuja mãe	**Meine Freundin, deren Mutter**
A minha amiga, cujos filhos	**Meine Freundin, deren Kinder**
Meus amigos, cujo pai	**Meine Freunde, deren Vater**
Meus amigos, cuja mãe	**Meine Freunde, deren Mutter**
Meus amigos, cujos filhos	**Meine Freunde, deren Kinder**

Exercício B7:

Complete com o pronome:
(Respostas na página 157)

1. Ich mag gern Leute, _____ intelligent sind.
2. Peter sucht eine Frau, _____ sich für Musik interessiert.
3. Peter sucht eine Frau, mit _____ er oft ins Konzert gehen kann.
4. Peter sucht eine Frau, auf _____ er nicht lange warten muss.
5. Wo ist der Brief, _____ ich gestern bekommen habe?
6. Heute besuche ich die Leute, _____ Kinder mit meinen zusammen in die Schule gehen.
7. Wer ist der Mann, _____ Frau bei dem Unfall verletzt wurde?
8. Wer sind die Frauen, _____ die Kinder Blumen geschenkt haben?

B8 A oração dependente que expressa finalidade – erro na estruturação

Alemão		Português
☹	☺	
Sie geht in den Supermarkt für einkaufen.	**Sie geht in den Supermarkt, um einzukaufen.**	Ela vai ao supermercado para fazer compras.
Viele Leute ziehen in die Stadt für ihre Kinder später bessere Chancen haben.	**Viele Leute ziehen in die Stadt, damit ihre Kinder später bessere Chancen haben.**	Muitas pessoas mudam-se para a cidade para que seus filhos tenham melhores chances mais tarde.

Como é em alemão

- ←— "para" tem dois equivalentes:

a) **um ... zu** + infinitivo: esse padrão é usado quando o REALIZADOR da oração dependente (geralmente o REALIZADOR da oração principal) está subentendido. Justamente por não nomear-se o REALIZADOR, ○ aparece no infinitivo. O **zu** serve como elemento-encaixe do infinitivo.

b) **damit ...** + ○ conjugado: esse padrão se usa quando os REALIZADORES são diferentes, como no exemplo: **viele Leute - ihre Kinder.**

☙ Para explicação adicional dessa estrutura, GC-14b2
☙ Sobre "para", E3

Exercício B8:

Una as duas orações:
(Respostas na página 158)

1. Sie spart Geld. Sie möchte nach Europa fliegen.
2. Er braucht einen Computer. Er will im Internet surfen.
3. Ich lasse meine Schwester Englisch lernen. Sie kann sich in den USA verständigen.
4. Sonntag besuchen wir unsere Tante. Sie fühlt sich nicht so allein.
5. Er geht auf Zehenspitzen durch das Haus. Die Kkinder sollen nicht aufwachen.
6. Wir holen sie vom Bahnhof ab. Sie muss nicht zu Fuß nach Haus gehen.

B9 A oração dependente infinitiva – ausência de zu

Alemão		Português
☹	☺	
Es ist wichtig eine Fremdsprache lernen.	Es ist wichtig, eine Fremdsprache zu lernen.	É importante aprender uma língua estrangeira.
Er hat mir geraten dieses Medikament nehmen.	Er hat mir geraten, dieses Medikament zu nehmen.	Ele me aconselhou a tomar esse medicamento.
Sie hat keine Lust allein in Urlaub fahren.	Sie hat keine Lust, allein in Urlaub zu fahren.	Ela não tem vontade de viajar sozinha nas férias.
Er ging fort ohne sie noch einmal ansehen.	Er ging fort, ohne sie noch einmal anzusehen.	Ele foi embora sem olhar para ela mais uma vez.
Helga hat den ganzen Sonntag geschlafen statt Bücher lesen.	Helga hat den ganzen Sonntag geschlafen, statt Bücher zu lesen.	Em vez de ler livros Helga dormiu todo o domingo.

Como é em alemão

- Só quando um infinitivo depende de ⬤ de maneira (**können, müssen, dürfen, wollen, sollen, ich möchte**) não necessita de encaixe algum. **Darf man hier rauchen?** É permitido fumar aqui? **Ich möchte jetzt schlafen.** Eu gostaria de dormir agora.
- Em todos os outros casos, quando o infinitivo depende de ▢▷ (**wichtig**), de ○ (**geraten**), de ▢ (**Lust**) ou siga **ohne** ou **statt** é necessário o uso de **zu** para haver encaixe.
- ○ que pode ser usado como ⬤ de maneira: **bleiben - gehen - helfen - hören - lassen - sehen**:
  Bitte, bleiben Sie stehen. Por favor, pare/Por favor, fique parado de pé.
  Wir gehen heute schwimmen. Nós vamos nadar hoje.
  Hilfst du mir bitte aufräumen? Você me ajuda a arrumar a casa?
  Ich habe Sie nicht kommen hören. Eu não o ouvi chegar.
  Er lässt seinen Wagen an der Tankstelle waschen. Ela manda lavar seu carro no posto de gasolina.
  Sehen Sie die Kinder dort spielen? Você está vendo as crianças lá brincando?

Exercício B9:

Coloque **zu** onde necessário:
(Respostas no final do capítulo)

1. Gleich fängt es an ___ regnen.
2. Hast du vergessen, Kaffee ___ kaufen?
3. Er hat sich die Haare schneiden ___ lassen.
4. Sie lässt sich nicht ___ helfen.
5. Hör endlich auf ___ meckern!
6. Mach doch deine Aufgaben, anstatt ___ faulenzen!
7. Hast du denn Zeit, ins Kino ___ gehen?
8. Ich sah sie schon von weitem ___ kommen.
9. Möchtest du diese Zeitschrift ___ lesen?

B10 A oração interrogativa indireta

a) posição errada de ○
b) uso equivocado de "wenn"

	Alemão		*Português*
	☹	☺	
a)	Ich weiß nicht, wo ist mein Buch.	**Ich weiß nicht, wo mein Buch ist.**	Não sei onde está meu livro.
	Frau Müller ist nicht sicher, wann kommt ihr Mann nach Haus.	**Frau Müller ist nicht sicher, wann ihr Mann nach Haus kommt.**	A Sra. Müller não sabe ao certo quando seu marido volta para casa.
b)	Er hat gefragt, wenn sie mit ins Kino kommt.	**Er hat gefragt, ob sie mit ins Kino kommt.**	Ele perguntou se ela vem junto no cinema.

Como é em alemão

- As perguntas diretas (do tipo **Wo ist mein Buch?**) quando colocadas na dependência de outro ⬭ ((**nicht**) **wissen**, (**nicht**) **sicher sein**, **fragen**, (**nicht**) **sagen**), tornam-se dependentes, acompanhando portanto o padrão das orações com ⬭ no final.
- No tipo (a) o próprio elemento interrogativo faz a conexão.
- No tipo (b) a pergunta direta seria: **Kommst du mit ins Kino?** Você vem junto no cinema? Nesse caso o elemento conector ("se" em português) é **ob**, e não **wenn**, que tem uma conotação temporal ou condicional.
- Atenção: a oração interrogativa indireta pode também depender de uma pergunta direta: **Können Sie mir sagen, wie spät es ist?** O Sr. poderia me dizer que horas são?

Exercício B10:

Transforme as perguntas diretas em indiretas conforme o exemplo:
(Respostas no final do capítulo)

Bitte sagen Sie mir: Wann geht der Flug nach São Paulo?
Bitte sagen Sie mir, wann der Flug nach São Paulo geht.
1. Erklären Sie mir doch: Warum wollen Sie nicht mitkommen?
2. Ich wüsste gern: Woher haben Sie diese schönen Briefmarken?
3. Ich weiß nicht: Soll ich ein neues oder ein gebrauchtes Auto kaufen?
4. Ich bin neugierig: Wer gewinnt wohl die nächsten Wahlen?

B11 A perspectiva passiva – uso equivocado de **sein** como ⬤ e de **bei** como ◇ (REALIZADOR da perspectiva ativa)

Alemão		Português
☹	☺	
In dieser Fabrik sind Autos produziert.	**In dieser Fabrik werden Autos produziert.**	Nessa fábrica carros são produzidos.
Der Politiker war bei dem Reporter interviewt.	**Der Politiker wurde von dem Reporter interviewt.**	O político foi entrevistado pelo repórter.

Como é em alemão

- A perspectiva passiva é formada por ⬤ **werden** + ⬭ .
- O REALIZADOR da ativa (que nem sempre é mencionado na passiva) é introduzido por ◇ **von** que exige dat.

O que mais você precisa saber:

A formação da perspectiva passiva normalmente ocorre com enunciados ativos do padrão:
⬜nom⬜ + ◯ + ⬜acu⬜ que passa a ser, na passiva: ⬜nom⬜ + ⬤ + ⬭:

Der Architekt entwirft die Baupläne. Die Baupläne werden von dem Architekten entworfen. As plantas são esboçadas pelo arquiteto.

Semelhante construção da perspectiva passiva (sem o REALIZADOR da ativa) é possível com alguns ◯ que exigem ⬜dat⬜: **Man hilft mir. Mir wird geholfen.** Me ajudam. Sou ajudado.

Man riet mir ab. Mir wurde abgeraten. Eu fui desaconselhado(a).

Toda a frase na perspectiva passiva tem um traço de "despersonalização" porque ela focaliza o que acontece e não quem faz acontecer. Assim a perspectiva passiva é mais adequada para expressar acontecimentos (mesmo que o padrão de ◯ não seja ⬜nom⬜ + ◯ + ⬜acu⬜.) Isso se aplica a expressões na perspectiva ativa têm nom indefinido (**man**):

Man arbeitet morgen. Amanhã se trabalha.
Man raucht hier nicht. Aqui não se fuma.

Nessas frases não há PARTICIPANTE ⬜acu⬜, por isso elas não têm REALIZADOR na perspectiva passiva:

Morgen wird gearbeitet.
Hier wird nicht geraucht.

Note que no lugar do REALIZADOR tem outro ocupante (aqui △). Isso é necessário para que a estrutura funcione.

Exercício B11:

Transforme as orações seguintes em orações na perspectiva passiva:
(Respostas na página 159)

1. Der Parteivorsitzende hat das Parteimitglied ausgeschlossen.
2. Der Arzt behandelt den Patienten.
3. Die Feuerwehr löschte einen Brand in einer Fabrik.
4. Man legte den Kranken auf die Intensivstation.
5. Wir helfen Ihnen sofort!

B12 Troca de gênero

Alemão		Português
☹	☺	
die Baum	**der Baum**	a árvore
die Kind	**das Kind**	a criança
der Bild	**das Bild**	o quadro (imagem)
der Tafel	**die Tafel**	o quadro (lousa)

> Como é em alemão
> - Há três gêneros: masculino, feminino e neutro.
> - Os gêneros frequentemente não correspondem entre as duas línguas.
> - Dica: para aprender o gênero é imprescindível estudar marcador e ☐ juntos.

⚙ GC-5

Exercício B12:

(Respostas no final do capítulo)

Identifique gênero e "roupa":

der Gesundheit. f m n pl
N ( ) A ( ) D (X) G (X)
EXPLICAÇÃO: isto significa que **der Gesundheit** pode estar teoricamente desempenhando as seguintes funções:
PARTICIPANTE ou cenário (Dativo)
característica (Genitivo)

(1)**des Lehrers** f m n pl
N ( ) A ( ) D ( ) G ( )
(2)**dem Tisch.** f m n pl
N ( ) A ( ) D ( ) G ( )
(3) **einen Stuhl**
N ( ) A ( ) D ( ) G ( )
(4)**die Stühle** f m n pl
N ( ) A ( ) D ( ) G ( )
(5)**das Sofa** f m n pl
N ( ) A ( ) D ( ) G ( )
(6)**die Nation** f m n pl
N ( ) A ( ) D ( ) G ( )
(7) **einer Lehrerin**
N ( ) A ( ) D ( ) G ( )
(8)**der Nation** f m n pl
N ( ) A ( ) D ( ) G ( )
(9) **eines Hauses**
N ( ) A ( ) D ( ) G ( )
(10)**der Reportage** f m n pl
N ( ) A ( ) D ( ) G ( )

(11) **der Kinder** f m n pl
N ( ) A ( ) D ( ) G ( )
(12) **den Büchern** f m n pl
N ( ) A ( ) D ( ) G ( )
(13) **dem Auto** f m n pl
N ( ) A ( ) D ( ) G ( )
(14) **das Auto** f m n pl
N ( ) A ( ) D ( ) G ( )

> Esta "troca de roupas", ou ainda a mudança na forma dos marcadores, é o que se chama "declinação" na gramática tradicional.

RESPOSTAS DOS EXERCÍCIOS

Exercício A1:

1. Frau Bauer hat keine Zeit, obwohl sie nicht arbeitet.
2. Die Kinder freuen sich, wenn sie draußen spielen können.
3. Ich helfe dir, sobald ich mit dieser Arbeit fertig bin.
4. Es gibt viel zu tun.
5. Es wundert mich, dass du ihm geglaubt hast.
6. Es ist erlaubt zu zelten.
7. Es ärgert mich, dass sie nicht gekommen sind.
8. Es scheint, dass wir keine Schwierigkeiten haben werden.

Exercício A2:

1. **Am 1. Juni** ist die Eröffnungsfeier der Expo. Dia 1º de junho serão as festividades de abertura da Expo 2000.
2. **Vom 28.8 bis 15.10** findet das Welttanzfestival statt. De 28 a 15 de outubro acontece o festival mundial de dança.
3. **Täglich** gibt es Straßentheater. Diariamente haverá teatro de rua.
4. **Vom 14.~16.7.** können die Besucher am Weltmusik-Festival teilnehmen. De 14 a 16 de julho os visitantes poderão participar do festival mundial de música.
5. **Im Dezember** beginnen die Sommerferien. Em dezembro começam as férias de verão.
6. **Nächsten Monat** heiraten sie. Mês que vem eles casam.

Exercício A3:

1. **Ich möchte heute Abend in den Zirkus gehen.** Hoje à noite eu gostaria de ir ao circo.
2. **Er hat seinen Schlüssel zu Haus vergessen.** Ele esqueceu a sua chave em casa.
3. **In São Paulo werden Lastwagen produziert.** Em SP são produzidos caminhões.
4. **In Minas werden Halbedelsteine gefunden.** Em MG são encontradas pedras semi-preciosas.
5. **Das hättest du wirklich nicht sagen sollen.** Você realmente não deveria ter dito isso.
6. **Kannst du morgen früh zu mir kommen?** Você pode vir à minha casa amanhã cedo?

ERROS DE ESTRUTURA **153**

Exercício A4:

1. **Kommst du heute ins Kino mit?** Você vem junto ao cinema hoje?
2. **Wir rufen unsere Lehrerin morgen an.** Amanhã telefonaremos para nossa professora.
3. **Machen Sie die Bücher bitte auf!** Por favor abram os livros!
4. **Du musst noch einkaufen.** Você ainda tem de ir ao supermercado.
5. **Wann geht er endlich weg?** Quando é que ele vai embora afinal?
6. **Direktor Müller kehrt nächste Woche aus dem Urlaub zurück.** O Diretor Müller volta das férias semana que vem.

Exercício A5a:

1. **Der Portier im Hotel gibt dem Gast eine Auskunft.** O recepcionista do hotel dá uma informação ao hóspede.
2. **Der Lehrer erklärt den Schülern die Grammatik.** O professor explica a gramática para os alunos.
3. **Leihst du mir das Buch?** Você me empresta o livro?
4. **Ich empfehle Ihnen dieses Hotel.** Eu lhe sugiro este hotel.
5. **Ich biete dir eine Tasse Kaffee an.** Eu lhe ofereço uma xícara de café.
6. **Bringen Sie uns die Speisekarte.** Traga-nos o cardápio.
7. **Die Firma schickt den Kunden den Sommerkatalog.** A empresa envia aos clientes o catálogo de verão.
8. **Martin schreibt seiner Freundin einen Brief aus dem Urlaub.** Martin, de férias, escreve uma carta a sua namorada.
9. **Der Dieb stiehlt der Frau die Handtasche.** O ladrão rouba a bolsa da mulher.
10. **Der Händler verkauft den Kunden das Auto.** O comerciante vende o carro aos clientes.
11. **Der Fremdenführer zeigt den Touristen die Stadt.** O guia turístico mostra a cidade aos turistas.
12. **Ingrid schenkt ihrem Freund eine Krawatte.** Ingrid presenteia seu namorado com uma gravata.

Exercício A5b:

1. **Ich habe ihn gestern in der Universität getroffen.** Eu o encontrei ontem na universidade.
2. **Sie bringt das Buch morgen in die Bibliothek zurück.** Ela vai devolver o livro à biblioteca amanhã.
3. **Wir würden gern im Frühjahr nach Griechenland reisen.** Nós gostaríamos de viajar à Grécia no início do ano.

4. **Viele deutsche Touristen fahren in den Ferien in den Süden.** Muitos turistas alemães vão para o sul nas férias.
5. **Er studiert schon 3 Semester an der Universität in Köln.** Ele já estuda há três semestres na universidade de Colônia.
6. **Sie sitzen im Sommer jeden Abend auf der Terrasse.** No verão eles sentam todas as noites no terraço.

Exercício A6:

1. **Er ist heute zu spät zur Arbeit gekommen, weil er verschlafen hat.** Ele veio tarde para o trabalho hoje porque dormiu demais.
2. **Ich wusste nicht, dass er letztes Jahr in Südafrika war.** Eu não sabia que ele tinha estado na África do Sul ano passado.
3. **Als er sie kennenlernte, war sie schon mit dem Studium fertig.** Quando ele a conheceu ela já tinha terminado a faculdade.
4. **Immer wenn sie zur Wassergymnastik geht, trifft sie ihre Schulfreundinnen.** Sempre que ela vai a hidroginástica ela encontra suas amigas da escola.
5. **Er hat ihr nicht gesagt, wann er zurückkommt.** Ele não disse para ela quando volta.
6. **Wir fragen uns, welcher Kandidat den ersten Preis bekommt.** Nós nos perguntamos qual candidato receberá o primeiro prêmio.

Exercício A7:

1. **Bevor wir den Test machen, muss ich noch schnell die Regeln lernen.** Antes de nós fazermos o teste tenho de rapidamente estudar as regras.
2. **Während ich koche, kannst du die Wäsche waschen.** Enquanto eu cozinho você pode lavar a roupa.
3. **Wenn wir in Köln sind, wohnen wir immer in derselben Pension.** Quando estamos em Colônia ficamos sempre na mesma pousada.
4. **Dass ihr Mann so wenig verdient, kann Frau Müller nicht glauben.** Frau Müller não pode acreditar que seu marido ganhe tão pouco.
5. **Obwohl er sein Gehalt schon bekommen hat, hat er seine Rechnungen immer noch nicht bezahlt.** Embora ele já tenha recebido seu salário ele ainda não pagou as suas contas.
6. **Dass der Roman ein Happy-end hat, ist unglaublich.** É inacreditável que o romance tenha um final feliz.

Exercício A8:

1. **Wohin bist du gestern gegangen?** Onde você foi ontem?
2. **Warum sind sie nicht in Urlaub gefahren?** Por que eles não saíram de férias?
3. **Macht sie noch Gymnastik?** Ela ainda faz ginástica?
4. **Kann er gut Auto fahren?** Ele sabe dirigir bem?
5. **Was hast du gerade gesagt?**
6. **Wem hast du dein Auto geliehen?** Para quem você emprestou seu carro?

Exercícios A9a e A9b:

1. Ich habe keine Zeit.
2. Warum hast du die Bücher nicht zurückgegeben?
3. Sie hat keine Antwort bekommen.
4. Wie gut, dass es nicht regnet!
5. Sie hat den Film nicht gesehen.
6. Sie hat keinen Film gesehen.

Exercícios B1:

1. Er wird sicherlich ein guter Geigenspieler.
2. Er ist ein guter Klavierspieler.
3. Der Frankenwein ist oft ein sehr saurer Wein.
4. Dieser französische Cognac ist sehr gut.

Exercícios B2a e B2b:

1) (1) -e ( ) -en (x) -   ( ) (2) -e ( ) -en ( ) -   (x)
2) (1) -e (x) -en ( ) -   ( ) (2) -e ( ) -en (x) -   ( )   (3) -e ( ) -en (x) -   ( )
3) (1) -e ( ) -en (x) -   ( ) (2) -e (x) -en ( ) -   ( )
4) (1) -er (x) -en ( ) -   ( ) (2) -er ( ) -en (x) -   ( )

Exercícios B3a e B3b:

1. **Du wäschst <u>dir</u> die Hände.** Você lava as mãos.
2. **Du wäschst <u>dich</u>.** Você se lava.
3. **Bitte setz <u>dich</u>.** Sente, por favor.

4. Ich habe <u>mich</u> verliebt. Eu me apaixonei.
5. Warum beeilt Petra <u>sich</u> nicht? Por que Petra não se apressa?
6. Georg hat <u>sich</u> gut amüsiert. Georg se divertiu bastante.
7. Ich glaube, da haben Sie <u>sich</u> geirrt. Eu acho que você se enganou.
8. Ich möchte <u>mir</u> ein neues Auto kaufen. Eu gostaria de comprar um carro novo (para mim).

Exercício B4:

1. Wann ist er zurückgekommen?
2. Gestern sind wir am Fluß spazieren gegangen.
3. Der Maler ist von der Leiter gefallen und hat ein Bein gebrochen.
4. Goethe ist 1832 gestorben.
5. In den Ferien ist er immer spät aufgestanden.
6. Meine Freundin ist nach São Paulo umgezogen.

Exercício B5a:

1. **Warum liegst du denn immer noch im Bett?** Por que você ainda está deitado(a)?
2. **Frau X hat heute viel Arbeit in der Küche.** A Sra. X tem hoje muito trabalho na cozinha.
3. **Das Geschirr steht schon auf dem Tisch.** A louça já está na mesa.
4. **Paul sitzt am Tisch neben seiner Schwester.** Paul senta à mesa ao lado de sua irmã.
5. **Über dem Tisch hängt eine schöne Lampe.** Sobre a mesa está pendurado um belo lustre.
6. **Hinter dem Haus ist ein kleiner Garten.** Atrás da casa há um pequeno jardim.
7. **Eine Garage steht zwischen dem Haus und dem Nachbarhaus.** Há uma garagem entre nossa casa e a casa do vizinho.

Exercício B5b:

1. Du hast Fieber. Warum legst du dich nicht ins Bett?
2. Frau X muss jetzt kochen. Sie geht in die Küche.
3. Hast du das Geschirr schon auf den Tisch gestellt?
4. Paul setzt sich neben seine Schwester.
5. Was meinst du? Hängen wir die Lampe über den Tisch?
6. Herr Müller ist im Garten. Wenn Sie ihn sprechen wollen, gehen Sie bitte hinter das Haus.
7. Ich suche einen Zeitungsartikel. Ich glaube, ich habe ihn zwischen die Zeitungen gelegt.

Exercício B6:

a) **Wann kommt er zurück?** Quando ele volta?
1. **Zwischen 3 und 4 Uhr.** Entre 3 e 4 horas.
2. **Am Nachmittag.** De tarde.
3. **Im November.** Em novembro.
4. **In einer Woche.** Em uma semana.
5. **In einem Monat.** Em um mês.
6. **In 14 Tagen.** Em 15 dias.
7. **In einem Jahr.** Em um ano.
8. **Am Montag.** Segunda-feira.

b) **Wann warst du in Europa?** Quando você esteve na Europa?
1. **Im Juli.** Em julho.
2. **Vor 3 Jahren.** Há 3 anos.
3. **In den Ferien.** Nas férias.

c) **Wie lange dauert der Kurs?** Quanto tempo dura o curso?
1. **Einen Monat.** Um mês.
2. **Eine Woche.** Uma semana.

Exercício B7:

1. **Ich mag gern Leute, die intelligent sind.** Eu gosto muito de pessoas que são inteligentes.
2. **Peter sucht eine Frau, die sich für Musik interessiert.** Peter procura uma mulher que se interesse por música.
3. **Peter sucht eine Frau, mit der er oft ins Konzert gehen kann.** Peter procura uma mulher com quem ele possa frequentemente ir ao concerto.
4. **Peter sucht eine Frau, auf die er nicht lange warten muss.** Peter procura uma mulher por quem ele não precise esperar muito.
5. **Wo ist der Brief, den ich gestern bekommen habe?** Onde está a carta que eu recebi ontem?
6. **Heute besuche ich die Leute, deren Kinder mit meinen zusammen in die Schule gehen.** Hoje vou visitar as pessoas cujos filhos vão à escola com os meus.
7. **Wer ist der Mann, dessen Frau bei dem Unfall verletzt wurde?** Quem é o homem cuja esposa foi ferida no acidente?
8. **Wer sind die Frauen, denen die Kinder Blumen geschenkt haben?** Quem são as mulheres a quem as criança presentearam com flores?

Exercício B8:

1. **Sie spart Geld, um nach Europa zu fliegen.** Ela poupa dinheiro para voar para a Europa.
2. **Er braucht einen Computer, um im Internet zu surfen.** Ele precisa de um computador para surfar na Internet.
3. **Ich lasse meine Schwester Englisch lernen, damit sie sich in den USA verständigen kann.** Eu mando minha irmã fazer um curso de inglês para que ela possa se comunicar nos EUA.
4. **Sonntag besuchen wir unsere Tante, damit sie sich nicht so allein fühlt.** Domingo vamos visitar nossa tia para que ela não se sinta tão sozinha.
5. **Er geht auf Zehenspitzen durch das Haus, damit die Kinder nicht aufwachen.** Ele anda pela casa na ponta dos pés para que as crianças não acordem.
6. **Wir holen sie vom Bahnhof ab, damit sie nicht zu Fuß nach Haus gehen muss.** Nós vamos buscá-la na estação para que ela não tenha de ir para casa a pé.

Exercício B9:

1. **Gleich fängt es an zu regnen.** Logo vai começar a chover.
2. **Hast du vergessen, Kaffee zu kaufen?** Você esqueceu de comprar café?
3. **Er hat sich die Haare schneiden lassen.** Ele cortou os cabelos.
4. **Sie lässt sich nicht helfen.** Ela não se deixa ajudar.
5. **Hör endlich auf zu meckern!** Pare de reclamar de uma vez!
6. **Mach doch deine Aufgaben, anstatt zu faulenzen!** Faça logo suas tarefas ao invés de vadiar!
7. **Hast du denn Zeit, ins Kino zu gehen?** Você tem tempo de ir ao cinema?
8. **Ich sah sie schon von weitem kommen.** Eu vi de longe que ela vinha.
9. **Möchtest du diese Zeitschrift lesen?** Você gostaria de ler essa revista?

Exercício B10:

Bitte sagen Sie mir, wann der Flug nach São Paulo geht. Por favor, diga-me quando sai o voo para SP.
1. **Erklären Sie mir doch, warum Sie nicht mitkommen wollen.** Por favor, explique-me por que você não quer vir junto.
2. **Ich wüsste gern, woher Sie diese schönen Briefmarken haben.** Eu gostaria de saber onde você conseguiu esses belos selos.
3. **Ich weiß nicht, ob ich ein neues oder ein gebrauchtes Auto kaufen soll.** Eu não sei se devo comprar um carro novo ou usado.
4. **Ich bin neugierig, wer wohl die nächsten Wahlen gewinnt.** Estou curiosa sobre quem vencerá as próximas eleições.

Exercício B11:

1. **Das Parteimitglied ist von dem Parteivorsitzenden ausgeschlossen worden.** O membro do partido foi expulso pelo presidente do partido.
2. **Der Patient wird vom Arzt behandelt.** O paciente é tratado pelo médico.
3. **Ein Brand in einer Fabrik wurde von der Feuerwehr gelöscht.** Um incêndio em uma fábrica foi apagado pelos bombeiros.
4. **Der Kranke wurde auf die Intensivstation gelegt** O doente foi colocado na UTI.
5. **Ihnen wird sofort geholfen.** Você será ajudado imediatamente.

Exercício B12:

(1) **des Lehrers** f <u>m</u> n pl
N ( ) A ( ) D ( ) G (X)
(2) **dem Tisch.** f <u>m</u> n pl
N ( ) A ( ) D (X) G ( )
(3) **einen Stuhl** f <u>m</u> n pl
N ( ) A (X) D ( ) G ( )
(4) **die Stühle** f m n <u>pl</u>
N (X) A (X) D ( ) G ( )
(5) **das Sofa** f m <u>n</u> pl
N (X) A (X) D ( ) G ( )
(6) **die Nation** <u>f</u> m n pl
N (X) A (X) D ( ) G ( )
(7) **einer Lehrerin** <u>f</u> m n pl
N ( ) A ( ) D ( ) G (X)
(8) **der Nation** <u>f</u> m n pl
N ( ) A ( ) D (X) G (X)
(9) **eines Hauses** f m <u>n</u> pl
N ( ) A ( ) D ( ) G (X)
(10) **der Reportage** <u>f</u> m n pl
N ( ) A ( ) D (X) G (X)
(11) **der Kinder** f m n <u>pl</u>
N ( ) A ( ) D ( ) G (X)
(12) **den Büchern** f m n <u>pl</u>
N ( ) A ( ) D (X) G ( )
(13) **dem Auto** f m <u>n</u> pl
N ( ) A ( ) D (X) G ( )
(14) **das Auto** f m <u>n</u> pl
N (X) A (X) D ( ) G ( )

III

Erros de vocabulário (E3)

Tipos de erros

A) A palavra em alemão é parecida com uma palavra em português, mas tem sentido diferente.

B) Duas palavras em alemão com grafia muito semelhante e sentidos distintos.

C) Em português há uma palavra e em alemão há várias (erro muito frequente quando se trata da busca de equivalência entre ◯ nas duas línguas).

D) Locuções de ◯ (**Funktionsverbgefüge**).

E) Avulsos.

A) A palavra em alemão é parecida com uma palavra em português, mas tem sentido diferente

A1

brav	brav não é "bravo"; "brabo" é böse	brav é "comportado" (bom, honesto)
	Ärgere ihn nicht, er wird leicht böse. Não o incomode, pois ele fica bravo com facilidade.	Die Kinder waren sehr brav, sie haben keinen Unsinn gemacht. As crianças foram muito comportadas, não fizeram nada errado.
delikat	delikat não é "delicado"; "delicado" é zart, fein	delikat é "delicioso"
	Kinder haben eine zarte Haut. As crianças têm uma pele delicada.	Hum, diese Pralinen sind wirklich delikat! Hum, esses bombons são realmente deliciosos!
exquisit	exquisit não é "esquisito"; "esquisito" é sonderbar	exquisit é "seleto; primoroso"
	Frau Müller trägt schon wieder so einen sonderbaren Hut. A Sra. Müller está de novo usando um chapéu tão esquisito.	Dieser Wein ist wirklich exquisit! Wunderbar! Este vinho é realmente um primor! Maravilhoso!
famos	famos não é "famoso"; "famoso" é berühmt	famos é "grandioso; fabuloso"
	Thomas Mann ist ein berühmter deutscher Schriftsteller. Thomas Mann é um famoso escritor alemão.	Meine Tante ist eine famose Frau – sie ist fantastisch. Minha tia é uma mulher fabulosa. Ela é fantástica.
fatal	fatal não é "fatal"; "fatal" é tödlich	fatal é "desagradável"
	Der Unfall verlief tödlich. O acidente terminou em morte.	Schon wieder Regen! Das ist aber wirklich fatal! Outra vez chuva! Isso é realmente desagradável!
fidel	fidel não é "fiel"; "fiel" é treu	fidel é "alegre; divertido"
	Hunde sind sehr treue Freunde. Os cães são amigos muito fiéis.	Mit Peter hat man immer viel Spaß; er ist sehr fidel. Com Peter a gente sempre se diverte muito; ele é muito alegre.

kapriziös	kapriziös não é "caprichoso"; "caprichoso" é **sorgfältig**	kapriziös é "teimoso; manhoso"
	Er hat das ganze Haus sehr sorgfältig geputzt. Ele limpou a casa toda com muito capricho.	**Er hat es nicht leicht mit ihr; sie ist recht kapriziös!** Não é muito fácil para ele conviver com ela; ela é realmente teimosa.
kurios	kurios não é "curioso"; "curioso" é **neugierig**	kurios é "estranho; diferente"
	Sei nicht so neugierig! Du musst nicht immer alles wissen! Não seja tão curioso! Você também não precisa sempre saber tudo!	**Das ist já eine kuriose Geschichte!** Que história estranha!
raffiniert	raffiniert não é "refinado"; "refinado" é **verfeinert**	raffiniert é "manhoso; astuto"
	Diese Soße kann man noch mit Sahne verfeinern. Pode-se melhorar esse molho com nata.	**Das ist vielleicht ein raffinierter Plan.** Mas que plano bem astuto!

A2 ☐

die Bagage	Bagage não é "bagagem"; "bagagem" é **Gepäck**	Bagage é "povaréu; grupo de pessoas chatas, inconvenientes"
	Hast du das Gepäck schon aufgegeben? Você já entregou a bagagem?	**Wirf die ganze Bagage raus!** Manda toda essa gente enjoada para a rua!
die Bowle	Bowle não é "bola"; "bola" é **Ball**	Bowle é a bebida "ponche"
	Viele Kinder spielen gern Ball. Muitas crianças gostam de jogar bola.	**Zu Sylvester gibt es bei uns immer Bowle.** No réveillon sempre tem ponche em nossa casa.
der Etat	Etat não é "estado"; "estado" é **Staat** ou **Bundesland**	Etat é "orçamento"
	"Der Staat bin ich." "O Estado sou eu." **Die BRD hat 16 Bundesländer.** A RFA tem 16 estados.	**Das Parlament muss über den Etat beraten.** O Parlamento deve debater sobre o orçamento.

die Kommission	Kommission não é "comissão" no sentido de pagamento; "comissão" nesse sentido é **Provision**	Kommission é apenas "grupo de pessoas (especialistas)" que têm uma tarefa a cumprir
	Für diesen Auftrag hat er eine hohe Provision bekommen. Por esse pedido ele obteve uma boa comissão.	**Er ist in einer Kommission für Fragen der Sicherheit.** Ele está numa comissão para questões de segurança.
der Konkurs	Konkurs não é "concurso"; "concurso" é **Wettbewerb** ou **Ausschreibung** (concurso público)	Konkurs é "falência"
	Bei diesem Wettbewerb hat er den 1. Platz bekommen. Neste concurso ele tirou o primeiro lugar.	**Leider muss diese alteingesessene Firma Konkurs anmelden.** Infelizmente essa tradicional empresa precisará pedir falência.
die Phrase	Phrase não é "frase"; "frase" é **Satz**	Phrase é "palavras ocas; palavrório"
	Der deutsche Satz ist anders gebaut als der portugiesische. A frase alemã é construída de forma diferente da portuguesa.	**Seine Rede bestand fast nur aus Phrasen.** A fala dele constituiu-se quase que só de palavrório.
die Provision	Provision não é "provisão"; "provisão" é **Vorrat**	Provision é "comissão" (dinheiro)
	Dieser Autohändler hat einen großen Vorrat an neuen Modellen. Essa revenda de carros tem um grande estoque de novos modelos. **Früher brauchte man im Winter einen großen Vorrat an Lebensmitteln.** Antigamente era necessária uma grande provisão de alimento no inverno.	

ERROS DE VOCABULÁRIO (E3) **167**

der Spektakel	Spektakel não é "espetáculo" no sentido concreto; "espetáculo" é **Vorstellung**	Spektakel é: 1) "barulho" 2) ⚠ <u>das</u> Spektakel : "acontecimento impressionante"
	Die Vorstellung beginnt um 20 Uhr. O espetáculo começa às 20 horas.	1) **Was ist den das für ein Spektakel?** Mas que barulheira é essa? 2) **Die Eröffnung der Olympiade war ein beeindruckendes Spektakel.** A abertura das Olimpíadas foi um evento impressionante.

der Superintendet	Superintendent não é o ocupante de alto cargo administrativo	Superintendent é um alto cargo na Igreja Protestante.

B) Duas palavras em alemão com grafia muito semelhante e sentidos distintos

B1 ⟶

	tradução	contexto
allgemein	geral	**etwas ist allgemein bekannt** algo é conhecido de todos, **das allgemeine Wohl** o bem geral, **das allgemeine Wahlrecht** o direito de todos ao voto
gemein	vulgar, indecente, infame	**Mensch** (pessoa), **Handlungen** (atos)

	tradução	contexto
bewegt	emocionado; revolto	**das Meer** (mar); **Menschen** (pessoas)
beweglich	móvel, ágil	**ein Hebel** (alavanca); **der Verstand** (inteligência)

	tradução	contexto
beißend	cáustico	**der Rauch** (fumaça); **die Ironie** (ironia)
bissig	mordaz	**der Hund** (cachorro); **die Bermerkung** (observação)

	tradução	contexto
geblümt	florido	**der Stoff** (tecido)
blumig	floreado	**die Sprache** (linguagem)

	tradução	contexto
fragwürdig	duvidoso; discutível	ein Lokal (bar)
fraglich	incerto; duvidoso	ein Unterfangen um empreendimento

	tradução	contexto
reizend	encantador	ein Kind (criança), eine Frau (mulher), Leute (gente)
gereizt	irritado	Personen (pessoas); die Haut (pele)

	tradução	contexto
rührend	comovente, enternecedor	ein Anblick (aspecto); ein Mensch (pessoa)
gerührt	emocionado	Personen (pessoas)

	tradução	contexto
schweigsam	calado	Personen (pessoas)
verschwiegen	discreto	Personen (pessoas), Orte (lugares)

	tradução	contexto
vertraulich	secreto	eine Mitteilung (informação)
vertraut	familiar	ein Bild (imagem); ein Gesicht (rosto); ein Gedanke (pensamento); ein Mensch (pessoa)

B2 ☐

das Aussehen	aparência, semblante	Sie legt viel Wert auf ihr Aussehen. Ela dá muita importância à sua aparência.
die Aussicht	vista	Von hier hat man eine schöne Aussicht. Daqui se tem uma bela vista.

die Fahrt	viagem	Die Fahrt dauert 3 Stunden. A viagem é de 3 horas.
die Fähre	balsa	Wir müssen die Fähre nehmen. Es gibt keine Brücke. Nós temos de pegar a balsa. Não existem pontes.

der Bedarf	necessidade, procura	Der Bedarf des Organismus an Vitaminen... A necessidade de vitaminas... do organismo.
das Bedürfnis	necessidade subjetiva, desejo	Sie hat ein großes Bedürfnis nach Ruhe. Ela tem uma grande necessidade de silêncio/ repouso/tranquilidade.

der Gläubige	o crente	**Die Gläubigen beten im Tempel.** Os crentes rezam no templo.
der Gläubiger	o credor	**Die Gläubiger bedrängen den Schuldner.** Os credores insistem com o devedor.
das Gewissen	a consciência (moral)	**Er hat ein schlechtes Gewissen.** Ele tem a consciência pesada.
das Bewusstsein	a consciência (estado físico)	**Bei dem Unfall hat sie das Bewusstsein verloren.** No acidente ela perdeu a consciência.
die Stadt	cidade	**Die Stadt hat eine schöne Umgebung.** A cidade tem belos arredores.
die Staat	Estado, nação	**Vater Staat sorgt für seine Bürger.** O estado cuida de seus cidadãos.
die Spitze	ponta; renda	**Die Spitze meines Bleistifts ist abgebrochen.** A ponta do meu lápis quebrou. **Diese Bluse hat einen Einsatz aus Spitze.** Essa blusa tem um detalhe de renda.
der Spitzel	espião	**Der Spitzel schwebte in Lebensgefahr.** O espião corria perigo de vida.
die Suche	procura	**Die Suche nach dem Dieb hatte keinen Erfolg.** A busca pelo ladrão não teve sucesso.
die Sucht	dependência (de drogas)	**Er konnte von seiner Sucht geheilt werden.** Ele pode ser curado da sua dependência.
das Deck	convés	**Alle Mann an Deck!** Todos para o convés!
die Decke	coberta, cobertor; teto	**Im Winter braucht man eine warme Decke.** No inverno é preciso uma coberta quente. **An der Decke hängt eine Lampe.** No teto está pendurado um lustre.

C) Em português há uma palavra e em alemão há várias

C1 ◯

- Por vezes há mais do que uma correspondência, e as alternativas surgem por prefixação ou composição.

conseguir	erreichen	**Endlich hat er sein Ziel erreicht.** Finalmente ele alcançou seu objetivo. (*meta, intenção, objetivo*) (sempre com PARTICIPANTE acu)
	bekommen	**Ich bin sehr froh, dass ich die Stelle bekommen habe.** Estou muito contente que tenha conseguido o trabalho (a vaga). **Leider habe ich die CD nicht mehr bekommen. Sie war ausverkauft.** Infelizmente não consegui mais o CD./Estava esgotado. (*conseguir adquirir*)
	schaffen	**Schaffst du das allein oder soll ich dir helfen?** Você consegue (fazer) isso sozinho ou devo ajudá-lo? (*conseguir fazer, terminar*)
continuar	fortfahren	**Nach einer kurzen Pause fuhr sie fort, Klavier zu spielen.** Depois de uma rápida pausa ela continuou a tocar piano. (sem PARTICIPANTE)
	fortsetzen	**Sie fing in Frankreich mit dem Studium an und setzte es in Deutschland fort.** Ela iniciou a faculdade na França e continuou na Alemanha. (com PARTICIPANTE)
dever	müssen	**Ich kann meinen Schlüssel nicht finden. Ich muss ihn verloren haben.** Não consigo encontrar minha chave. Devo tê-la perdido. (*conclusão*)
	sollen	**Der Arzt hat gesagt, dass Herr Müller nicht mehr so viel rauchen soll.** O médico disse que o Sr. Müller não deve mais fumar. (*imposição da vontade de outra pessoa*)
encontrar	treffen	**Wollen wir uns heute um 7 Uhr treffen?** Vamos nos encontrar hoje às 7? (*planejado*) **Ich habe Britta zufällig auf dem Flohmarkt getroffen.** Encontrei Britta por acaso no Mercado das Pulgas. (*por acaso*)
	antreffen	**Ich wollte sie besuchen, habe sie aber leider nicht angetroffen.** Eu queria visitá-la, mas infelizmente não a encontrei. (*em um lugar onde se procura*)
	begegnen	**Gestern bin ich Britta auf dem Flohmarkt begegnet.** Ontem encontrei Britta no Mercado das Pulgas. (*por acaso*)
esperar	warten	**An der Haltestelle warten viele Leute auf den Bus.** Na parada muitas pessoas esperam pelo ônibus. (*aguardar*)
	hoffen	**Ich hoffe, dass das Wetter bald besser wird.** Espero que o tempo melhore logo. (*esperança*)

ERROS DE VOCABULÁRIO (E3)

estudar	lernen	**Nicht für die Schule, sondern für das Leben lernen wir.** Não estudamos para a escola, e sim para a vida. **Sie lernt seit fünf Jahren Englisch.** Ela estuda/aprende inglês há cinco anos.
	studieren	**An welcher Universität studierst du?** Em que universidade você estuda? (*só terceiro grau*)
evitar	meiden	**Dieses Lokal ist nicht gut; darum meiden wir es.** Este bar não é bom, por isso o evitamos. **Nach dem Streit möchte er mit Peter nichts mehr zu tun haben; darum meidet er ihn.** Depois da briga ele não quer ter mais nada a ver com Peter, por isso o evita. (*não querer contato*)
	vermeiden	**Überraschungen kann man nicht vermeiden.** Não se pode evitar as surpresas. **Sie vermeidet es nach Möglichkeit, abends allein auszugehen.** Ela evita como pode sair à noite sozinha. (*evitar que algo aconteça*)
fazer	tun	**Warum hast du das getan?** Por que você fez isso? **Er hat heute viel zu tun.** Hoje ele tem muito o que fazer. (*agir*)
	machen	**Dieser Junge macht nur Dummheiten.** Este rapaz só faz besteira! **Mach doch nicht so ein Theater.** Não faça drama. (*efetuar, realizar, causar: usado com* **Kaffee, Essen, Urlaub, Reisen** *etc.*)
ficar	bleiben	**Heute Abend bleiben wir zu Haus.** Hoje à noite ficaremos em casa. (*permanecer*)
	werden	**Sie wurde ganz blass vor Schreck.** Ela ficou totalmente pálida de susto. (*tornar-se*)
trocar	wechseln	**Er wechselt die Stelle, um mehr zu verdienen.** Ele troca de função (posição) para ganhar mais. (*uma coisa fica no lugar da outra*)
	tauschen	**Die Briefmarkensammler tauschen Briefmarken.** Os filatelistas trocam selos. (*duas pessoas*)
	umtauschen	**Frau Müller tauscht das Kleid um, weil es zu groß ist.** A Sra. Müller troca o vestido porque está muito grande. (*só com relação a compras devolvidas*)

impedir	hindern	Eine starke Grippe hat ihn gehindert zu kommen. Uma forte gripe impediu-o de vir. (*referência a pessoas*)
	verhindern	Leider konnte das Sinken des Schiffes nicht verhindert werden. Infelizmente não se pôde impedir que o navio afundasse. (*Geralmente não referência a pessoas; exceção:* **Er ist verhindert = Er kann nicht kommen.** Ele não pode vir.)
ir	gehen	**Heute gehe ich früh nach Haus.** Hoje vou cedo para casa. (*a pé*) **Nach dem Krieg gingen viele Deutsche in die USA.** Depois da guerra muitos alemães foram para os EUA. (*mudar-se*)
	fahren	**Am Wochenende fahren wir ins Grüne!** Fim de semana vamos para onde há natureza! (*com um veículo*)
melhorar	bessern	**Es ist Tatsache, dass die Gefängnisse die Verbrecher nicht bessern.** É fato que as prisões não melhoram os criminosos. **Die Verbrecher bessern sich nicht.** Os criminosos não se emendam.
	verbessern	**Die Sportler versuchen ständig, ihre Leistungen zu verbessern.** Os desportistas sempre tentam melhorar seu desempenho. (*corrigir, aperfeiçoar*)
mudar	ändern	**Sie ändert ihre Meinung dauernd.** Ela muda de ideia toda hora... (com participante)
	sich ändern	**Die Lage in den Ländern der 3. Welt hat sich geändert.** A situação nos países do 3º Mundo mudou.
negar	leugnen	**Vor Gericht leugnete der Angeklagte die Tat.** Em juízo o acusado negou a autoria do crime.
	abschlagen	**Die Mutter kann dem Kind keinen Wunsch abschlagen.** A mãe não consegue negar nada para o filho. (*uso específico para* **Wunsch, Bitte**)
	verweigern	**Du sollst nie jemandem deine Hilfe verweigern.** Você não deve jamais negar sua ajuda a ninguém. (= *não querer dar*)
	sich weigern	**Der Politiker weigerte sich, seine Informanten zu nennen.** O político negou-se a nomear seus informantes.

observar	betrachten	Ich habe dieses Bild schon oft betrachtet und finde es immer wieder sehr schön. Já observei esse quadro muitas vezes e acho-o sempre muito bonito. (*o objeto da observação não se move*)
	zusehen	Sie sieht ihrem Mann bei der Arbeit zu. Ela observa o seu marido enquanto ele trabalha. (*assistir*)
	beobachten	Immer steht sie am Fenster und beobachtet die Leute auf der Straße. Ela sempre fica na janela e observa as pessoas na rua. (*o objeto da observação se move, tem vida*)
oferecer	bieten	Diese Firma bietet die Möglichkeit, Karriere zu machen. Essa empresa oferece a possibilidade de fazer carreira. (*proporcionar*)
	anbieten	Sie bietet ihren Gästen einen Kaffee an. Ela oferece um café aos seus convidados. (*algo concreto*)
parecer	scheinen	Merkwürdig, etwas scheint hier nicht zu stimmen. Estranho, algo parece não estar certo aqui. **Es scheint, dass die Lage langsam besser wird.** Parece que aos poucos a situação está ficando melhor.
	vorkommen	**Es kommt mir seltsam vor, dass er noch nicht zurück ist.** Parece-me estranho que ele ainda não tenha voltado. (*sempre com PARTICIPANTE dat, frequentemente com sentido de "estranhamento"*) **Er kommt sich sehr wichtig vor.** Ele se acha muito importante.
pensar	denken an	Sie denkt viel an ihre Eltern. Ela pensa muito em seus pais.
	nachdenken über	Über diesen Vorschlag muss ich noch einmal nachdenken. Sobre essa sugestão ainda vou ter de pensar. (*refletir*)
perder(-se)	sich etwas entgehen lassen	Diese Gelegenheit (diesen Film, etc.) kann ich mir nicht entgehen lassen. Não posso perder essa oportunidade (esse filme etc.) (*oportunidades*)
	verpassen	Leider habe ich den Bus verpasst. Infelizmente perdi o ônibus. (*não conseguir estar presente/pegar*)
	sich verlaufen	**In einer fremden Stadt kann man sich leicht verlaufen.** Em uma cidade estranha a gente pode se perder facilmente. (*errar o caminho*)

pertencer	gehören	Dieses Auto gehört meinem Nachbarn. Este carro pertence ao meu vizinho. (*posse*)
	gehören zu	Zu welchem Land gehört Hawaii? A que país pertence o Havaí? (*fazer parte de*)
resolver	beschließen	Peter und Hanna haben beschlossen zu heiraten. Peter e Ana resolveram se casar. **Das Parlament beschließt, die Steuern zu senken.** O Parlamento resolve baixar os impostos.
	sich entschließen	**Du musst dich endlich entschließen!** Você tem de se decidir! (*sempre pessoal, inclui hesitação*)
roubar	stehlen	**Bei dem Einbruch wurden viele Wertsachen gestohlen.** No arrombamento foram roubados muitos objetos de valor.
	bestehlen	**Schon wieder wurden Touristen überfallen und bestohlen.** Novamente turistas foram assaltados e roubados. (*pessoas*)
saber	wissen	**Ich weiß, wo er wohnt.** Eu sei onde ele mora. (*conteúdos expressos por orações dependentes*)
	können	**Er kann Auto fahren.** Ele sabe dirigir. (*fruto de aprendizado*)
temer	fürchten	**Der Vater war sehr streng; deshalb fürchteten die Kinder ihn.** O pai era muito severo, por isso os filhos o temiam. (*respeitar*)
	befürchten	**Seien Sie ganz ruhig, Sie haben nichts zu befürchten.** Fique tranquilo, não há nada a temer. (*ter medo*)
terminar	enden	**Der 2. Weltkrieg endete 1945.** A Segunda Guerra Mundial terminou em 1945. (sem PARTICIPANTE)
	beenden	**Bis Dienstag muss er seine Arbeit beenden.** (com PARTICIPANTE) Ele tem de terminar seu trabalho até terça-feira.
	schließen	**Er schloß seinen Vortrag mit den Worten: Vielen Dank, meine Damen und Herren.** Ele terminou sua palestra com as palavras: "Muito obrigado, senhoras e senhores."
usar	tragen	**Sie trägt gern Schwarz.** Ela gosta de usar preto. **Er trägt eine Brille und einen Bart.** Ele usa óculos e barba. (*trazer consigo*)
	benutzen	**Darf ich dein Wörterbuch benutzen?** Posso usar seu dicionário? **Dieser Ausdruck wird viel benutzt.** Essa expressão é muito usada. (*empregar*)

ERROS DE VOCABULÁRIO (E3)

D) Locuções de ○ (Funktionsverbgefüge)

- Expressões formadas de ○ mais um complemento, sendo que ambos os elementos formam um sentido só.
- Complemento não pode ser visto como PARTICIPANTE, nem como △, Exemplo 1:

    eine Frage stellen = fazer uma pergunta
    stellen = colocar em pé

- Aqui não coloca nada em pé, o sentido de ○ na verdade está em □ = **Frage**. ○ **stellen** só está presente na expressão porque tem a função de informar pessoa e tempo (esses ○ são chamados de "verbos funcionais" por essa razão).
- O erro está na diferença de significado que esses verbos funcionais costumam ter em português. Exemplo 2:

    im Streit liegen = estar brigado
    liegen = deitar
    Obs.: Na expressão ninguém está deitado em lugar algum!

- Locução de ○ constitui um nível mais culto de linguagem.

Expressões com complementos que parecem PARTICIPANTES		
Expressão	○ que corresponde	Significado
Abschied nehmen von	sich verabschieden von	despedir-se de
Anstalten treffen, etwas zu tun	-	preparar-se para fazer algo
einen Antrag stellen	beantragen	fazer um requerimento
Aufschwung nehmen		prosperar
Beachtung finden	beachtet werden	ser considerado/observado
Bedenken tragen,... zu	-	ter dúvidas a respeito de
einen Beschluß fassen	beschließen	tomar uma resolução
einen Beweis erbringen	beweisen	provar
Einfluss ausüben auf	beeinflussen	ter influência sobre
Einhalt gebieten	-	pôr a termo, barrar

Expressão	que corresponde	Significado
eine Entscheidung treffen	entscheiden	tomar uma decisão
einen Entschluß fassen	sich entschließen	tomar uma resolução
die Flucht ergreifen	fliehen	empreender uma fuga
Folge leisten	folgen	seguir, obedecer
Forderungen stellen	fordern	fazer exigências
jemandem Gesellschaft leisten		fazer companhia a
ein Gesetz brechen		infringir uma lei
ein Gespräch führen mit	sprechen	ter uma conversa, falar
Handel treiben mit	handeln mit	ter relações comerciais com
etwas einer Kontrolle unterziehen	kontrollieren	submeter alguma coisa a um controle
Krieg führen gegen	-	estar em guerra contra
Kritik üben an	kritisieren	criticar, fazer críticas
Maßnahmen treffen	-	tomar medidas
Mut fassen	-	tomar coragem
Nachforschungen anstellen	nachforschen	fazer/realizar investigações
eine Prüfung abhalten	prüfen	examinar, constituir banca
Rache nehmen an	sich rächen an	vingar-se de
eine Rede halten	reden	fazer um discurso
Rücksicht nehmen auf	-	considerar/ter consideração
einen Schluss ziehen aus	schließen aus	tirar uma conclusão, deduzir, concluir
Überlegungen anstellen	überlegen	fazer reflexões
Unterrricht erteilen	unterrichten	dar aula
eine Vereinbarung treffen	vereinbaren	fazer um acordo, combinar
einen Vertrag schließen	-	fechar contrato

Expressão	⬯ que corresponde	Significado
Verwertung finden	verwertet werden	ser aproveitado
einen Vortrag halten	vortragen	fazer/dar uma palestra
Zwietracht stiften		semear discórdia

🕸 As expressões com **kommen – geraten – bringen** correspondem a "começar a (+ o sentido da expressão)"

Expressões com complementos que parecem △		
Expressão	⬯ que corresponde	Significado
etwas zum Abschluß bringen	abschließen	terminar alguma coisa
etwas zum Ausdruck bringen	ausdrücken	expressar alguma coisa
sich in Bewegung setzen	–	colocar-se em movimento
in Brand geraten	–	pegar fogo
etwas in Frage stellen	–	colocar algo em dúvida
in Gang kommen	–	engrenar; começar a funcionar
auf einen Gedanken kommen	–	ter uma ideia
in Gefahr bringen	–	pôr em perigo
ins Gerede kommen	–	cair na boca do povo
jemanden von etwas in Kenntnis setzen	–	informar alguém sobre alguma coisa
in Ordnung bringen	ordnen	pôr em ordem
in Panik geraten	–	entrar em pânico
in einen schlechten Ruf kommen	–	adquirir má reputação
jemanden zur Ruhe bringen	beruhigen	tranquilizar alguém
zur Sprache kommen		ser tratado (assunto)
zum Stillstand kommen	still stehen	parar, não funcionar mais
in Verbindung stehen mit	–	estar em contato com
in Verbindung treten mit	–	entrar em contato com

Expressão	⭕ que corresponde	Significado
in Versuchung geraten	-	cair em tentação
in Widerspruch stehen zu	widersprechen	contradizer a
in Zorn geraten		ficar furioso

E) "Avulsos"

a) Para o falante de português, sem uma explicação pode ser difícil distinguir entre os seguintes ⭕

- **bringen** (= trazer): **Er bringt seiner Frau jeden Sonntag Blumen.** (Ele traz flores para sua mulher todos os domingos.)
  É às vezes usado para expressar a ação de "levar":
  Ex.: **Sie bringt ihre Freundin zum Flughafen.** Ela leva sua amiga para o Corcovado.
  Er bringt das Paket zur Post. Ele leva a encomenda para o correio.
  Nesses casos é indicado para onde se leva a pessoa ou "coisa". Parece que o falante se coloca nesse lugar, assumindo a perspectiva do "trazer".

- **kommen** (= vir)
  Também ocorre nesta perspectiva "trocada", onde substitui "ir" (em português).
  Ex.: **Ich komme gleich!** (Já vou!)
  Heute komme ich zu dir. (Hoje vou à sua casa.)
  Kommst du morgen zu mir? (Você vem à minha casa amanhã?)

- **lassen** significa deixar algo ou alguém em algum lugar (como ⭕)
  Ex.: **Wo habe ich denn nur meinen Schlüssel gelassen?** Onde será que deixei minha chave?
  Frau Müller lässt die Kinder manchmal bei den Nachbarn. A Sra. Müller às vezes deixa os filhos com os vizinhos.
- Quando usado como ⚫ de maneira, **lassen** tem o significado de:
1) deixar, aceitar: **Sie lässt sich (nicht) gern fotografieren.** Ela (não) gosta de se deixar fotografar.
2) mandar: **Herr Müller lässt den Computer reparieren.** O Sr. M. manda consertar o computador.
   Nesse sentido, **lassen** serve para dizer que não é a própria pessoa que faz. Sempre que se quiser veicular esse sentido, é preciso usar **lassen**. Isso vale mesmo para os casos onde em português não se menciona que não é a própria pessoa que executa a ação (onde **lassen** ⚫ + ⭕)

Ele cortou o cabelo. ⇒ **Er hat die Haare schneiden lassen.** (não **Er hat die Haare geschnitten.** – Foi o barbeiro!)
Ela está se divorciando. **Sie lässt sich scheiden.** (não **Sie scheidet sich** – É o juiz que o faz!)

- **haben**, em alemão padrão, significa "ter, possuir" (não "ter, haver")
  Ex.: **Er hat eine große Familie.** Ele tem uma família grande.
  Sie haben kein Auto. Eles não têm carro.
  "Haver", em alemão, se expressa assim: **Es gibt** (há)
In dieser Straße gibt es viele Bäume. Nessa rua tem muitas árvores.

b) Para o falante de português, sem uma explicação pode ser difícil distinguir entre os seguintes ▢

- "vontade" tem duas formas de ser expressa:
1) **die Lust: Ich habe keine Lust, etwas zu essen.** Não tenho vontade de comer alguma coisa.
2) **der Wille: Der letzte Wille.** A última vontade. **Er hat den festen Willen, sein Studium zu beenden.** Ele tem o firme propósito de terminar a faculdade.

c) O pronome indefinido **man** normalmente traduzido por "a gente", tem uma particularidade: não inclui o falante; significa "as pessoas, alguém":
Ex.: **Man hat mir gesagt, dass dieses Buch sehr interessant ist.** Disseram-me que este livro é muito interessante.
Wo kann man hier einen Stadtplan kaufen? Onde se pode comprar um mapa da cidade aqui?

d) Para o falante de português, sem uma explicação pode ser difícil distinguir entre os seguintes ◇:

- **mit** x **bei** ("com")
  Ex.: **Ich gehe heute mit meiner Freundin ins Café.** Hoje vou ao café com minha amiga. ⇒ As pessoas são parceiras.
  Der junge Rechtsanwalt arbeitet bei seinem Vater in der Praxis. O jovem advogado trabalha com seu pai no escritório. ⇒ O pai é o dono, há uma hierarquia.

- **seit** x **vor** ("há")
  Ex.: **Sie wohnt schon seit 30 Jahren in dem Haus.** (DESDE) Ela já vive há 30 anos no prédio. ⇒ (A ação começou no passado e dura até o momento da fala.)
  Sie sind vor 30 Jahren in das Haus gezogen. (FAZ) Eles se mudaram para o prédio há 30 anos. ⇒ (A ação aconteceu no passado e está finalizada.)

- **für x zu** ("para")
  Ex.: **Hier ist ein Brief für dich.** Aqui tem uma carta para você.
  Er hat ein Geschenk für sie gekauft. Ele comprou um presente para ela.
  ⇒ Tem o sentido de "para o bem de", "em benefício de"
  Sie ist immer sehr freundlich zu den Leuten. Ela é sempre muito gentil para (com) as pessoas.
  Er hat zu mir gesagt, dass ich mir keine Sorgen machen soll. Ele disse para mim que não devo me preocupar.
  ⇒ Tem o sentido de "direcionamento"; "dirigir-se a"

e) Para o falante de português, sem uma explicação pode ser difícil distinguir entre os seguintes ◄─── :

- **ob x wenn** ("se")
  Wenn sie genug Zeit hat, beendet sie das Projekt noch diese Woche. Se ela tiver tempo suficiente, ela termina o projeto ainda essa semana.
  Wenn der Verkehr nicht so chaotisch wäre, würde er nur 20 Minuten für den Weg zur Arbeit brauchen. Se o trânsito não estivesse tão caótico, ele só precisaria de 20 minutos para ir para o trabalho.
  ⇒ Trata-se de uma condição: a 1ª é real, a 2ª, irreal.
  Leider kann ich dir nicht sagen, ob ich zu der Party komme. Infelizmente não posso dizer-lhe se vou à festa.
  Ob es morgen regnet, wissen wir nicht. Se vai chover amanhã, (isso) não sabemos.
  ⇒ **ob** expressa a insegurança relacionada com o acontecimento – ou não – de um fato: **ja oder nein?**. As orações dependentes iniciadas com **ob** geralmente dependem de ◯ que expressa dúvidas, perguntas, não saber.

f) Para o falante de português, sem uma explicação pode ser difícil distinguir entre os seguintes △:

- **viel x sehr** ("muito")
  Er hatte im letzten Semester viel Arbeit. Ele teve muito trabalho no último semestre.
  Er hat im letzten Semester viel gearbeitet. Ele trabalhou muito no último semestre.
  ⇒ **viel** refere-se a quantidade e geralmente acompanha ☐ (viel Zeit, viel Geld, viel Glück, viel Erfolg) e ◯ (viel lesen, viel fernsehen etc.)
  Seine Arbeit war sehr interessant, aber auch sehr anstrengend. O trabalho dele era muito interessante, mas também muito cansativo.
  ⇒ **sehr** refere-se a intensidade e acompanha ▷.
  Obs.: para intensificar **viel**, usa-se **sehr**: **sehr viel Arbeit** (muito trabalho), **sehr viel arbeiten** (trabalhar muito).

g) Os dois "ouriços": como expressar QUANDO (wann, wenn, als) e PARA (für, zu, um... zu, damit)?

- QUANDO:
Wann fängt das Semester an? Quando começa o semestre? **Ich weiß leider nicht, wann es anfängt.** Eu infelizmente não sei quando começa.
⇒ **Wann** é usado para perguntas, tanto diretas quanto indiretas.
Wenn sie großen Hunger hat, isst sie ein Steak. Quando ela tem muita fome come um bife.
⇒ **Wenn** expressa a ação repetida (**wenn** = **immer wenn** – sempre que , cada vez que)
⤳ GC-14b3
Sie wanderte nach Brasilien aus, als sie noch ein Kind war. Ela se mudou para o Brasil quando ainda era uma criança.
Als er nach Haus kommt, sieht er, dass eingebrochen wurde. Quando ele chegou em casa, viu que tinha sido arrombada.
⇒ **Als** expressa ação única, significando "no momento em que", "na época em que"
⤳ GC- 14b1

- PARA:
1) PARA é ◇
Diese Blumen sind <u>für</u> dich. Estas flores são para você. ⤳ GC-10b
Sie tut alles <u>für</u> ihre Kinder. Ela faz tudo para os filhos.

Der Redner sprach <u>zu</u> einem voll besetzten Auditorium. O palestrante falou a um auditório lotado. ⤳ GC-10b
Kommst du heute <u>zu</u> mir? (Você vem para minha casa hoje?)

Sie geht immer um 5 Uhr <u>nach</u> Haus. Ela sempre vai para casa às 5 horas.
Wollen wir nächstes Jahr <u>nach</u> Europa fliegen? Vamos voar para a Europa ano que vem?
⇒ **nach** acompanha nomes de lugares sem marcador + a palavra **Haus**

Geh doch <u>ans</u> Fenster. Da hast du mehr Licht! Vai para a janela. Ali tem mais luz!
Wir gehen <u>auf</u> den Tennisplatz; kommst du mit? Nós vamos para a cancha de tênis, você vem junto?
Nächstes Jahr fliegen wir <u>in</u> die Schweiz. Ano que vem voaremos para a Suíça.
⇒ **in** é usado com nomes de lugares e de países que tiverem marcador: **die Schweiz, der Libanon, die USA** (pl.) etc.
⤳ Para saber sobre outros ◇ com sentido de movimento, completados com acu, GC-10b4,10b5

1) PARA é ←——
   Sie macht das Licht an, um besser sehen zu können. Ela acende a luz para enxergar melhor.
   Er fährt mit dem Auto, um Zeit zu gewinnen. Ele vai de carro para ganhar tempo.
   Sie spricht leise, damit die Kinder nicht aufwachen. Ela fala baixo para que as crianças não acordem.
   Er lässt seine Kinder viel lernen, damit sie es einmal besser haben als er. Ele manda seus filhos (à escola para) aprenderem bastante, para que um dia estejam (em) melhor (situação) do que ele.

CONHEÇA OUTROS LIVROS DA ALTA BOOKS!

Negócios - Nacionais - Comunicação - Guias de Viagem - Interesse Geral - Informática - Idiomas

Todas as imagens são meramente ilustrativas.

SEJA AUTOR DA ALTA BOOKS!

Envie a sua proposta para: autoria@altabooks.com.br

Visite também nosso site e nossas redes sociais para conhecer lançamentos e futuras publicações!
www.altabooks.com.br

/altabooks ▪ /altabooks ▪ /alta_books

ALTA BOOKS
EDITORA

ROTAPLAN
GRÁFICA E EDITORA LTDA

Rua Álvaro Seixas, 165
Engenho Novo - Rio de Janeiro
Tels.: (21) 2201-2089 / 8898
E-mail: rotaplanrio@gmail.com